50부터
더 잘되는 사람

인생 후반전이 만만해지는 4050 두 번째 업 찾기 프로젝트

50부터 더 잘되는 사람

초판 1쇄 인쇄 2022년 11월 22일
초판 1쇄 발행 2022년 11월 29일

지은이 조성현

발행인 백유미 조영석

발행처 (주)라온아시아
주소 서울특별시 서초구 효령로 34길 4, 프린스효령빌딩 5F

등록 2016년 7월 5일 제 2016-000141호
전화 070-7600-8230 **팩스** 070-4754-2473

값 17,000원
ISBN 979-11-6958-006-9 (03190)

인생 후반전이 만만해지는 4050 두 번째 업 찾기 프로젝트

조성현 지음

50부터 더 잘되는 사람

RAON BOOK

두 번째 업!
브랜드가 답이다

"당신이 하고 싶은 일이 무엇입니까?"

"당신이 좋아하는 일이 무엇입니까?"

지금까지 열심히 살아온 기성세대에게 위와 같은 질문을 했을 때 '이것을 좋아한다', '이것을 해보고 싶다'라고 자신 있게 대답하는 사람을 나는 만나보지 못했다. 아니, 어쩌면 이 질문에 답할 수 있는 사람이 거의 없다는 것이 맞을지도 모른다.

이 책을 탈고하기 며칠 전, 퇴임한 선배에게 동일한 질문을 해봤다. 그러자 그 선배는 대답 대신 머리를 한 대 맞은 느낌이라고 했다. 지금까지 한 번도 그런 생각을 해보지 않았다면서 말이다. 왜일까? 아마도 많은 사람들이 본인이 좋아하는 일을 생각하면서 살기보다는 가장으로서, 직장인으로서 생계를 책임지기 위해서 의무적으로 일하다 보니 그렇게 된 게 아닐까?

요즘 MZ세대들은 자기만의 정체성을 갖고, 자기가 하고 싶은 일을 찾기 위해 조금은 자유롭고 유연하게 이직을 결정하기도 한다. 아직 젊고 주어진 시간이 많기 때문일 것이다. 하지만 기성세대인 40~50대는 무언가 좋아하는 것이 있다고 해도 직업적으로 도전하기가 쉽지 않다. 당장 눈앞에 놓인 문제를 해결하기에도 벅차 무언가 새롭게 시작하기가 어렵다.

하루하루 최선을 다해가면서 여기까지 달려왔지만, 지나온 시간을 되새겨보면 번개가 섬광을 발하듯 세월이 빠르게 지나 지금의 나이가 되었다. 그리고 나이가 들자, 꽃을 좋아하고 슬픈 드라마를 보면 어느새 눈가에 눈물이 맺히는 감성주의자로 변모해 버렸다. 참 바쁘게 지나왔다. 가장으로서, 아빠로서, 남편으로서 주어진 책임을 다하기 위해서, 나라는 정체성을 찾기보다는 앞만 보고 달려왔다 해도 과언이 아니다.

지난 시간을 돌이켜보면 가정에서나 직장에서나 책임감과 성실함을 앞세워 최선을 다하면서 달려온 나의 과거가 생각난다. 더럽고 치사해 서랍에서 사직서를 꺼냈다가도 아이들과 아내를 생각하면서 마음을 고쳐먹고 다잡았던 기억들. 하지만 정작 가정에서는 외톨이고 심지어는 '나는 돈만 벌어 오는 기계일까?'라는 생각에 서운하던 순간들. 그래도 또 아침이 되면 언제 그랬냐는 듯이 모든 생각을 잊고 홀로 대충 한 끼를 때우고 돈을 벌기 위해서 삶의 현장으로 묵묵히 달려 나가던 날들.

스스로를 위로하며 지내왔지만 나이 앞에서는 자꾸만 자신이 없어진다. 직장에서도 책임감과 성실함으로 잘 견뎌왔지만, 여전히 상사의 눈치도 보면서 밑에서 올라오는 후배 눈치도 봐야 한다. 그럼에도 38선(직장 정년이 38세), 사오정(정년이 45세) 앞에서는 장사가 없다. 끝도, 답도 보이지 않는다. 더군다나 일자리는 점점 줄어드는데 평균수명은 늘어나고 있다. 기대수명이 100세, 120세를 운운하고 있는 요즘, 우리가 정해놓은 정년 60세가 진짜 끝이 아니다. 은퇴 후에도 최소 30~40년은 더 일해야 한다. 이제는 정말로 100세 시대를 바라봐야 하는 시기가 온 것이다.

그렇다면 여기에서 핵심은 무엇일까? 바로 건강이다. 건강해야 바로 설 수가 있으므로, 건강은 그 무엇보다 중요한 전제 조건이다. 나 자신을 위해 건강부터 챙기고, 그다음에 목표를 정해야 한다. '낀' 세대인 40~50대에게 다시 묻고 싶다. 두 번째 업으로 어떤 일을 하고 싶은가? 무엇을 좋아하는가? 이 물음에 선뜻 대답하지 못한다 해도 괜찮다. 앞으로 찾으면 된다. 대신 가능한 한 빨리 찾아야 한다.

정년 60세를 가정하면 40대에게는 20년, 50대에게는 10년이라는 시간이 남아 있다. 많다면 많고 적다면 적은 시간이다. 지금이라도 100세 시대, 두 번째 직장, 새로운 나의 꿈에 관해 생각하고 준비한다면 뒤늦은 후회를 하지 않을 수 있다.

내게는 이제 와서 후회하는 일이 있다. 따놓은 여러 개의 자격증에 더해 상위 자격과 박사 학위를 취득하려 했었는데, 석사 논문도 다시 써야 하고, 지금 있는 자격증으로 충분할 것 같다는 안일한 생각에 도전하지 않았다. 7년이라는 시간이 지난 지금, 앞으로 일할 수 있는 시간을 고려해 보면 후회로 남는다. 그때 했었더라면 좋았을 텐데 하고 말이다.

누구나 한 번쯤 해보고 싶은 무언가가 있었을 것이다. 그러나 누군가는 시도했을 테고, 또 누군가는 나처럼 생각만 하다가 멈췄을 것이다. 물론 하고 싶은 일을 시도해 본다고 해도 성공하기는 쉽지 않다는 걸 알고 있다. 당장은 필요성을 느끼지 못할 뿐더러, 현실적으로 책임지고 있는 것들이 있어 녹록지 않다는 것도 알고 있다.

새로 도전하는 것을 나만의 기술로 만들기는 쉽지 않겠지만 이제는 찾아야 한다. 내가 설 수 있는 자리가 점점 줄어들고 있다. 내가 만나본 사람들도 두 번째, 아니 평생 직업을 준비하기 위해서 적게는 3년, 많게는 10년을 준비했다고 한다. 다시 말해 자신만의 축적된 데이터가 필요하다는 뜻이다. 내가 좋아하는 일을 찾고, 그 일을 위해서 준비하고 시도해 보고, 실패도 하면서 경험과 데이터가 쌓여야 원하는 일을 할 수 있다.

지금 우리 경제는 무모하게 큰 금액을 투자해 창업하는 무리수를 던지기도 쉽지 않은 상황이다. 하루에도 수많은 간판이 내려지고 올려진다고 한다. 이러한 불확실한 상황에서 흔들리지 않고 살아남기 위해서는 나만의 브랜드가 답이라고 확신한다. 앞으로의 평생 직업을 결정했다면 이제 해야 할 일은 나만의 상품, 나를 생각하면 떠오르는 바로 그것, 즉 나만의 브랜드를 만드는 것이다.

브랜딩을 위해서는 반드시 해야 하는 것이 인블유(인스타그램, 블로그, 유튜브)로 대표되는 SNS다. 이는 내가 어떤 사람이고, 무엇을 하고 있고, 내가 가지고 있는 능력이 무엇인지 묵묵하고 끈기있게 알리기 위한 용도다. 세상이 변하고 산업이 발전한다고 해도 사람, 바로 휴머니즘은 변할 수 없기 때문이다. 진정한 모습으로 꾸준하게 반복하며 SNS 활동을 이어간다면, 내가 브랜딩이 되어 팔릴 수도 있다.

나이는 숫자에 불과하다. 누군가는 "인블유? 그런 게 있어? 그것을 뭐하러 해! 내가 어떻게?" 하면서 나이 탓으로 넘기고, 스스로 나이라는 숫자에 프레임을 씌우고 만다. 그것은 자신이 정말로 하고 싶은 목표가 없기 때문이다. 나는 1년 여간 독서 모임을 하면서 '죽을 때 무엇을 남기고 갈 것인가?'라는 질문의 답, 즉 인생 목표를 봉사와 기부로 정했다. 나중에 잘 죽기 위해서, 후회하지 않기 위해서다. 그리고 그것을 위해 노력 중이다.

60세를 기준으로 하면 이제 나한테 일할 수 있도록 주어진 시간은 약 5년 남짓이다. 물론 언제 앞당겨질지 모른다. 하지만 조급하지 않다. 나만의 목표와 하고 싶은 일을 찾았고, 그 일을 위해 준비하고 있기 때문이다.

누구에게나 기회는 균등하게 돌아온다. 그 기회를 어떻게 활용할지, 목표를 위해 무엇을 어떻게 해야 할지 고민하는 기성세대들이 많이 있을 것이다. 열심히 뛰고 있지만 그런 고민 앞에서 있을 사람들을 생각하면서, 작은 도움이 되고자 부족하지만 소소한 이야기를 이 책에 담아보았다. 이 책을 통해 내가 좋아하는 일이 무엇인지 생각해 보고, 자신만의 목표를 정한 후 그것을 준비하는 방법에 대해서도 힌트를 얻었으면 하는 바람이다.

끝으로 부족한 나를 응원해 주고 격려해 준, 세상에서 가장 소중한 사랑하는 아내와 세 아이 그리고 이른 새벽 줌(Zoom) 화면을 통해서 얼굴을 맞대고 저마다의 목표를 향해 함께하면서 응원하고 독려해준 독서 모임 회원분들, 부족함투성이인 글을 가다듬고 지도를 해준 라온북 출판사 여러분께 진심으로 감사드린다. 난생처음 책을 써보면서 책의 소중함과 가치를 알게 되었고, 마음속에 담고 있는 내면의 세계를 글로 정리하는 것이 무척 어렵다는 것도 알게 되었다. 또 사람이 지켜야 할 진정성 있는 가치가 무엇인지도 다시 한번 배우는 계기가 되었다. 지금까지 배우고 느끼게 된 것을 바탕으로 계속해서 도전해 보려 한다. 다시 한번 여기까지 올 수 있도록 응원해 주신 모든 분께 진심으로 감사드린다.

조성현

차 례

1장

왜 두 번째 업이 필요할까

2장

새롭게 'Powerful Person'이 되었습니다

3장

두 번째 업 찾기
Basic_기초체력을 위한 준비

4장

두 번째 업 찾기
Pro_ 깊이 있게 파고들기

5장

두 번째 업을 찾아가기 위한 7개의 잡 코어

1장

왜 두 번째 업이 필요할까

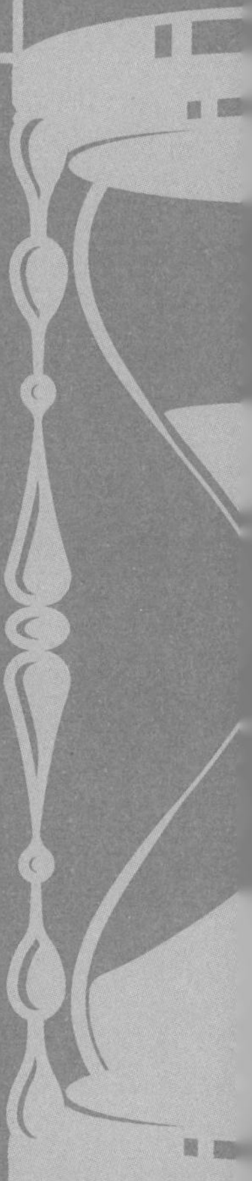

평생 일할 수 있는 직장은 없다

과거의 유물이 된 평생직장

갑자기 다가온 코로나19로 인해 미래를 더 이상 예측할 수 없어졌다. 약 3년이라는 시간 동안 앞으로 변화할 20년간의 세상이 앞당겨졌다고도 한다. 모든 게 변하고 있다. 평생직장이라는 개념이 사라졌고, 월급 많고 안정된 직장은 이미 신의 영역에만 존재한다. 사고의 전환이 필요한 시점이다.

평생직장의 사전적 의미는 '입사해서 정년퇴직할 때까지 계속 근무하는 직장'이다. 그렇다면 정년만 보장되면 평생직장이라고 할 수 있을까? 실상은 어떨까? 우리나라는 1989년에 육체적으로 일할 수 있는 나이, 즉 가동연한을 60세로 결정했다. 다시 말해 정년 퇴임의 적정 나이를 60세로 본 것이다. 당시에 가동연한 기준이 60세로 정해진 것은 국민의 평균수명이 남자는 63세로, 여자는 69세로 늘어난 데 따른 것이었다. 이후 30년이 지난 2019년에는 일하는 나이를 60세보다 상향으로 조정해야 할 필요성을 느꼈고, 근로자의 가동연한을 만 65세로 판결했던 사례도 있다.

그렇다면 현재는 어떤가? 2020년 기준 평균수명은 83.5세로 늘어났으며 앞으로 기대수명은 120세가 된다고 한다. 그런데도 근로자의 퇴직 시점은 점점 빨라지고 있다. 기대수명은 늘어나는 반면, 일할 수 있는 나이는 줄어든다는 얘기다. 그나마 공무원이나 대기업, 탄탄한 중소기업은 나은 편이다. 하지만 중소기업, 금융업 등은 빠르면 40대, 또는 50대 중반에 명퇴를 고려해야 한다. 또 정년이 보장된 공무원조차 이직률이 늘어난다고 한다. 다양한 이유가 있겠지만 대표적으로 적성에 맞지 않다거나 비전이 없다거나 열악한 근무 환경, 연봉의 차이 등을 이직의 이유로 꼽는다.

예전에는 취업하면 '시작했으니 오래 해야지', '이곳이 천직이네' 하고 오랜 기간 머물었던 반면, 최근에는 이직에 대한 거부감이 줄어들면서 직장과 직업을 수시로 바꾸는 직장인들이 많이 늘어났다. 그러나 40~50대는 아직 이직을 두려워하며, 특정 인원 일부를 제외하고는 경쟁력에서 밀려나는 경우도 많다. 따라서 이제는 평생직장이라는 개념을 어떻게 볼 것인지 고민해봐야 한다. 우리는 몇 살까지 일하면서 살아야 하며 언제까지 일할 수 있는 것인지, 즉 가동연한을 60세로 볼 것인지, 아니면 80세 또는 죽을 때까지로 볼 것인지 말이다. 나의 장인어른은 현재 80세임에도 일을 하고 계신다. 그런데도 '여기서 그만두면 또 무엇을 하지?' 하고 걱정하신다.

두 번째 업을 찾기 위한 첫 번째 조건은 '건강'

이제는 직장 말고 직업이 필요해졌다. 정년이 보장되는 직장에 들어간다 해도, 평균수명이 늘어남에 따라 정년 이후에도 경제활동을 계속해야 하는 삶이 이어지기 때문이다. 이직하거나 정년이 되어도 능력을 발휘할 수 있고 나이에 구애받지 않는 직업, 인생의 후반기를 살아갈 두 번째 업을 찾아야 하는 시대가 온 것이다.

두 번째 업을 찾기 위한 조건에 나이는 들어가지 않는다. 나는 어떻게 살아갈 것인가! 무서운 속도로 변화하는 세상에서 40대는 앞으로 살아갈 60년을, 50대는 50년을 생각하며, 할 수 있는 일이 무엇인지 찾는 것이 급선무일 뿐이다. 나이는 숫자에 불과하다는 말이 정말 현실로 다가온 것이다.

업을 찾기 위한 전제 조건이 있다. 나는 크게 두 가지를 강조하고 싶다. 첫 번째는 건강이다. 건강하지 못하면 도전할 용기나 의지가 생기지 않는다.

"에이, 무슨 소리야! 다른 건 몰라도 나는 건강에는 자신이 있어."

누구나 건강 이야기를 하면 자신감에 찬 목소리로 이렇게 호언장담한다. 지금까지는 큰 병에 걸리지 않고 별 탈 없이 지내왔기 때문에 하는 소리다. 그러나 깊이 들어가보면 건강이야말로 '풍요 속의 빈곤'이다. 40대에 접어들면 하나둘 고장이 나기 시작한다.

이것은 당연히 노화 때문이다. 우리 몸은 40세부터 위 기능이 떨어진다고 한다. 아무리 좋은 밥상을 차려 먹어도, 위가 흡수하는 영양 성분이 젊은 시절에 비해 현저히 줄어든다는 이야기다. 그런 데다가 아침에는 바쁘다는 핑계로 균형 잡힌 식사 대신 국에 밥을 말아 먹고 마는 식으로 대충 한 끼를 때우거나, 아니면 굶는 것을 당연시한다. 나이 들어 위 기능은 떨어지는데, 바쁜 일과와 잦은 야근으로 인한 피로 누적은 입맛을 더욱 떨어뜨린다. 악순환에 빠지는 것이다.

충분한 수면과 적당한 운동도 건강의 최우선 조건이다. 건강한 활력을 유지하기 위해서는 하루 7시간 이상 자야 하고, 30분 이상 땀 나는 운동을 주 3~5회 해주어야 체력이 유지된다고 한다. 그러나 먹는 것도, 체력도, 운동도, 수면도 모두 일 때문에 뒷전으로 밀리고 만다. 이렇게 지나다 보면 체력이 떨어지고 몸에 고장이 나기 시작한다. 2년에 한 번씩 받는 건강검진마저도 무심코 지나친다. 심지어 건강검진을 받아도 정상으로 판정받는 비율이 40대는 38.5퍼센트, 50대는 30.1퍼센트밖에 되지 않는다고 한다. 우리 가족 중에도 건강을 자신하다가 40대에 처음으로 검진을 했더니 위암 3기 진단을 받은 이가 있다. 현재는 건강만을 생각해 일도, 테니스도, 다른 취미 활동도 모두 중단했다. 가장 중요한 것이 건강임을 알기 때문이다.

주변을 돌아보면 중년 이후 고혈압, 당뇨, 고지혈증을 달고 사는 사람들을 쉽게 발견할 수 있다. 그들은 대개 "약으로 조절하면 돼"라고 한다. 그 말은 평생 약과 함께해야 한다는 것이고, 아마 먹는 약의 개수는 계속해서 늘어날 것이다.

건강은 건강할 때 지키라는 말을 가슴속에 새겨야 한다. 누구나 예외가 아니다. 방심하면, 건강하지 못하면 두 번째 업은 생각지도 못한다. 업은커녕 많은 것을 포기해야 한다.

이 순간 스스로 돌아보라. 정말 건강을 자신할 수 있는지 말이다. 건강에 자만하지 말고 두 번째 업을 찾기 위해 스스로 체력을 유지하는 것이 필요한 이유다.

두 번째 업을 찾을 때까지 버틸 '경제력'은 필수

두 번째 전제 조건은 최소한의 경제력이다. 두 번째 업을 찾는다고 해서 현재 하는 일을 무작정 그만둘 수는 없다. 먼저 지금의 일을 정년까지 할 것인지, 이직을 할 것인지 정해야 한다. 만약 이직을 결심했다면 그에 따른 준비 기간이 필요하다. 그렇다면 이직을 준비하는 동안 필요한 경제력을 어떻게 확보할 것인가? 우선 현재 하는 일에 충실하면서 남은 기간에 준비하는 것이 최선의 방법일 것이다. 또한 일을 하면서 가장 보편적으로 고려해 볼 수 있는 연금보험이나 적금에 가입해 준비 기간에 필요한 현금을 확보하는 것이다. 재테크 공부를 통해 자산 투자에 관심을 두는 것도 필요하다.

나는 혹시나 진급이 안 될 경우를 대비해 30대 후반에 매월 40만 원씩 7년간 납입하는 연금보험에 가입해 만기까지 유지한 적이 있다. 잘만 유지하면 만 55세부터 20년간 월 40만 원을 연금으로 받는 상품이었다. 하지만 만기가 도래했을 때 급전이 필요해져 바로 해약해야 했다. 여러 상황을 예상하고 대비할 수 있었더라면, 그 상품을 그대로 유지할 다른 방법이 있었더라면 제2의 직업을 찾기 위한 준비 기간에 그 연금을 활용할 수 있지 않았을까 하는 아쉬움이 남는다.

다행히 두 번째 취업이 공백 없이 바로 이어졌지만, 10년이 흐른 지금 또다시 그때 했던 고민을 해본다. 요즘은 실업에 대한 급여제도가 잘 되어 있기에 어느 정도의 기간은 최소한의 생계비를 보장받을 수 있다. 그러나 그것으로 생활비를 충당하기엔 턱없이 부족하다. 그러니 이직이나 새로운 도전을 고민하고 있다면 지금부터라도 직장을 구하는 기간 동안 버틸 수 있는 경제력을 준비해 놓아야 한다.

내가 좋아하는 일에 투신하라

두 번째 업을 찾는 사람들에게 내가 강조하는 한 가지가 있다. 바로 자신이 좋아하는 일, 정말 하고 싶은 일을 중심으로 찾으라는 이야기다.

"만약 오늘 하루 8시간 중 7시간은 주어진 일을 하고 나머지 1시간은 당신이 하고 싶은 일을 하라고 한다면 어떤 일을 하겠습니까?"

이 질문에 대답하기 위해 잠시 책을 덮고 생각해 보자. 나에게 주어진 1시간 동안 무엇을 하고 싶은가? 만약 쉽게 떠오르지 않는다면 지금부터 고민해 보길 바란다. 바로 그것이 이직을 계획하고 있는 내가 두 번째 업으로 삼을 일이 될 수 있다. 목공, 글쓰기, 유튜버, 그림 작가, 코칭, 악기 연주, 봉사활동 등 수많은 것을 떠올릴 수 있다. 떠오른 일이 지금 당장은 수입으로 연결되지 않더라도 내가 그것을 하고 싶다는 사실 자체를 인지하고, 두 번째 업으로 삼는 것에 관해 생각해 보라.

아마도 대부분의 40~50대들은 자신이 좋아하는 일을 직업으로 택했다기보다는 '가장이니까', '돈을 벌어야 하니까' 하고 묵묵히 일에 전념해 왔을 것이다. 가장이라는 완장을 차고 말이다. 또 자신이 진짜 좋아하는 일을 잊고 살아왔던 것도 사실이다. 그러니 이제부터라도 좋아하는 일을 찾아, 그 일에 미쳐보기 바란다.

내가 아는 후배 A는 40대 중반에 미래를 생각하면서, 앞으로 무엇을 할까 고민하다가 목공과 캘리그래피를 10년간 취미로 꾸준히 해왔다. 그리고 지금은 준비했던 것을 기반으로 자신의 고향에서 두 번째 업에 도전하고 있다.

그는 두 번째 업을 위해 주말농장과 공방 운영을 준비하면서, 동시에 남들이 두 번째 업을 찾을 수 있도록 도와주는 강사 일도 병행 중이다. 또 다른 지인 B는 현재 직장에 다니면서 3년 후 귀촌해서 자리 잡고 살 장소를 알아보러 다닌다. 그리고 두 번째 업으로 특용작물 재배를 하려고 주말마다 농장에서 재배 방법도 배우고 있다고 한다.

수월한 길의 끝을 생각하자

통상 이직을 계획하고 있는 지인들을 보면 자신이 좋아하는 일을 찾기보다는 현재까지 경험한 지식이나 기술과 연관된 일을 찾으려 한다. 그 길이 찾기도 쉽고 진입해서 적응하기도 수월하기 때문이다. 이는 현실적인 얘기다. 하지만 그 일의 끝을 생각해 보길 바란다. 평균수명이 길어진 현시점에 내가 하고 싶은 일을 준비하지 않으면 어느 순간 또 고민에 빠지게 된다. 그러나 그때는 정말로 나이로 인해 경쟁력을 잃을 수 있다.

한편으로는 평생 내가 하고 싶은 일을 돈벌이에 써먹을 수 있는지도 고민해봐야 한다. 당장 글쓰기와 유튜브 개인 방송, 그림 그리기, 악기 연주는 돈벌이로 연결되기 어렵다. 이때는 글을 쓰거나 그림을 그리면서 돈도 벌 수 있는 직종과 연관 지어 생각해봐야 한다. 봉사활동이 하고 싶다면, 그 일은 경제력과 직결될 수는 없으므로 봉사와 관련이 깊은 사회복지 분야로 눈을 돌려 생각해야 한다.

세상이 변하고 있다. 사람도 변하고 있다. 이런 변화 속에서 미래를 새롭게 개척하지 않고 현재까지의 생활 패턴을 답습한다면 중년 이후 경제적인 활동을 유지하기가 매우 힘들어질 것이다. 어쩌면 지금이 타이밍이 될 수 있다. 내가 좋아하는 새로운 업을 찾아보자.

평생직장은 없어도 평생 직업은 있다

나는 현재 새로운 업을 준비하고 있다. 내 두 번째 직장은 학생들을 교육하는 비행교관이다. 학생을 가르치는 일이 보람도 되고 재미도 있어 이 일에 집중하고 있다. 이렇게 현재 직업에 만족하면서도 그다음을 준비하는 내게 주위 사람들은 이렇게 말하곤 한다. "60세까지 일하고 쉬면 되는 거 아냐?", "애들도 다 컸는

데 알아서 하겠지!", "연금도 받고 하는데 용돈벌이나 하면 되는 거 아니야?"라고 말이다. 하지만 60세 이후 연금만으로 생활할 수 있는 사람은 극히 드물다. 내 경우는 아직 막내가 고등학생이라 한참 더 일해야 한다. 자녀를 다 키웠다고 할지라도 퇴직해서 은퇴 생활로 이어지기에는 60이라는 나이가 너무 빠르다.

나는 지금 하는 내 일의 연장선에서 제2의 직업을 생각하고 있지 않다. 이런 말을 하면 주변인들은 "헬기 조종! 그 아까운 기술을 왜 썩혀! 민간항공사도 많이 있잖아? 거기 취업하면 되지 않아?" 하고 되묻는다. 하지만 나는 그렇지 않다고 답한다. 민간항공사에 취업한다 해도 고작 5년, 65세까지만 하면 끝이기 때문이다.

막상 그때가 되어 직장 말고 평생 할 수 있는 직업, 내가 좋아하고 남을 위할 수 있는 일을 찾으면 늦을 수 있다. 그래서 지금 현업에 있을 때 그 일을 찾기 위해 노력 중이다. 또 나는 앞으로 굳건히 버틸 수 있는 건강을 위해 꾸준히 운동도 하고 잘 챙겨 먹으면서 두 번째 업을 위한 준비 과제인 책 쓰기에 도전하고 있다. 이를 준비하기 위해 새벽 독서 모임에 참석한 지 1년이 넘었고, 책을 가까이하며 그 속에서 나날이 생동감을 얻고 있다.

두 번째 업을 찾기 위한 첫 번째 도전. 남들은 어떻게 생각할지 모르지만 비행교관도, 책을 읽고 쓰는 일도, 독서에서 얻는 자기 계발 동기도 모두 내가 좋아하는 일이다. 그리고 이 준비가 내가 계획하는 인생 직업에 든든한 밑거름이 되어줄 것이다. 아직은 미약하지만 결국은 내가 좋아하는 평생 직업을 찾게 될 테니까.

아내에게 선택받는 남편이 돼라

외면당하는 남편

나는 가끔 아내와 산책을 한다. 동네에 산책로가 오밀조밀하게 잘 되어 있어, 걷다 보면 금세 한 시간이 지나간다. 어느 날인가 산책을 하다가 아내에게 물었다. “다시 태어나면 나와 다시 결혼할 거야?” 그러자 아내는 혼자 살고 싶단다. 외롭지 않겠느냐고 묻자, 그럴 수도 있지만 그래도 혼자 살고 싶단다. 나는 내심 나하고 다시 결혼하겠다는 대답을 기대했지만, 예상했던 대로 거부의 의사였다.

집으로 와서 ‘다른 사람들은 어떨까?’ 하는 궁금증이 생겨서 자료를 찾아봤다. 목화데이터 연구소에 의하면 2022년 5월 기준 ‘다시 태어나도 지금의 배우자와 결혼하겠다’라는 답변의 비율이 남자는 45퍼센트인 반면 여자는 19퍼센트였다. 다시 말해 현재의 남편이 마음에 들지 않는다는 이야기다. 또 '절대로 지금의 배우자와 결혼하지 않겠다'라는 비율은 여자가 19퍼센트로, 8퍼센트인 남자보다 약 2배 높았다. 특히 5060세대에서 결혼하지 않겠다는 답변이 많았고, 나이가 어려질수록 만족한다는 답변이 증가했다.

아내에게 선택받지 못하는 남편들

남편은 왜 아내에게 선택받지 못할까? 현재의 5060세대는 어린 시절 경제적 빈곤을 지내온 세대다. 현재는 대중매체를 접해서 많은 정보와 지식을 습득할 수 있지만, 과거에는 정보가 제한적이었다. 예전에 부모로부터 받은 교육이라고는 대부분 '열심히 공부해서 좋은 대학에 가고 좋은 직장에 가야 한다. 그게 성공이다'라는 것이었다.

결혼에 관해서도 아내에게는 이렇게, 남편에게는 이렇게 하라는 교육을 받지 못했다. 그냥 결혼해서 잘 살면 된다는 식이었다. 또 취업해서 열심히 근무하고, 인정받고, 월급 받아 집에 가져다주면 가장으로서 역할은 다하는 것이라고 보고 배운 것도 사실이다. 아마 남자는 가장이고 돈을 벌어오는 사람이니 부엌에 들어가면 안 되고, 설거지도 하면 안 된다는 식으로 아들을 위하고 치켜세운 부모 세대의 고정관념들도 한몫한 게 아닌가 싶다. 이러한 여러 영향으로 남자는 나가서 일하고, 집안일은 여자가 해야 한다는 인식이 내재해 있었는지도 모른다.

또 야근을 당연시하던 분위기의 영향도 있을 것이다. 낮에는 당장 눈앞에 떨어진 일을 처리하다 보면 자연적으로 정작 중요한 업무들은 야근으로 이어진다. 한때는 모든 것을 문서로 작성하던 시절도 있었다. 이렇게 비효율적으로 업무를 처리하다 보면 금세 밤 10~11시가 되고 어느 날은 새벽까지 업무가 이어지는 것도 허다했다.

이렇다 보니 자연스레 집에서 머무는 시간은 줄어들고 육아나 청소 등 집안일을 함께 할 시간이 부족한 것도 사실이었다. 그러니 아마도 사랑받는 남편이라기보다는 그냥 하숙생, 아이들이 잘 때 나오고 자고 있을 때 들어가는 아저씨, 어떤 이들은 직장으로 인해서 같이 살지도 못하고 기러기 아빠 등으로 이어졌을 것이다. 그래서 5060세대의 여자들이 현재의 남편과 다시 결혼하지 않는다고 하는 게 아닐까?

현재의 아내들 생각은 어떨까

그렇다고 해도 남편을 왜 거부할까? 그저 '아마도 오래 같이 살아서겠지'라고만 생각했던 나는 늘 궁금했다. 처음 만나서 연애

할 때는 남자만 좋아한 게 아니라 서로 좋아하지 않았나? 그래서 결혼한 거 아닌가? 그런데 나이가 먹었다고 싫어진 걸까? 남자는 여전히 아내를 좋아하는데 왜 여자는 아니지? 의구심을 떨쳐버릴 수가 없었다. 그래서 어느 날은 독서 모임을 함께하는 여자 멤버분들에게 질문을 던져보았다.

"질문이 있어요! 왜 여자들은 현재 남편과 다시 결혼하고 싶지 않다고 하는 거죠? 여자도 좋아서 결혼한 거 아닌가요?" 그러자 이구동성으로 정말 모르는 거냐고 되물었고, 내가 정말 모른다며 이야기해달라고 하자 신세 한탄하듯이 털어놨다.

결혼하기 전에는 온갖 달콤한 말로 "손에 물 안 묻히게 해줄게. 공주처럼 모실게. 집안일도 내가 다하고 요리도 해줄게!"라고 거창한 말을 해놓고 실천은 꽝이다. 어떤 부분에서는 이해도 한다. 남자들이 나가서 일하고 고생해서 돈 벌어온다는 것을 인정은 한다. 하지만 그것만 당연시하고 여자는 집에서 노는 줄만 안다. 여자들도 빨래하고 아이들 돌보고 음식 만들다 보면 하루가 어떻게 지나가는 줄 모르고 생활하는데, 결혼 전에 했던 약속들은 언제 그랬냐는 식으로 까마득하게 잊어버리고 생활한다. 그저 밤에만 안아주면 그게 사랑이라고 생각하는 것 같다.

또 하루가 너무 고되어 얘기하거나 푸념을 하면, 공감은 고사하고 윽박지르거나 들으려고도 안 하고 대꾸도 안 한다. 집안일은 여자가 하는 거라고 당연시하는 것도 모자라, 부탁을 하면 귀찮아한다. 아이들하고 놀아주기는커녕 피곤하다고 핑계를 대면서 일이 있다고 나가버리고 만다. 또 자기가 벗은 옷가지며 양말들도 정리하지 않아 잔소리하다 지쳐 그것도 여자의 몫이 된다. 이런 일들이 지속되다가 세월이 흘러 아이들이 엄마 손이 필요 없을 정도로 성장하고 가정일에서 해방될 때쯤, 이제는 정말 쉬고 싶을 때 귀찮은 존재로 남는다는 것이다.

평생 함께하는 유일한 사람

1992년 12월 5일, 영등포 빠리쟌느 커피숍. 바로 아내와 첫 번째 만남을 가진 곳이다. 커피숍 한쪽에서 프리지어 꽃을 들고 있던 아내. 당시에는 삐삐도, 지금의 흔한 핸드폰도 없었다. 연락할 수단이라고는 유선전화뿐이었다. 보고 싶어도 위수지역(출타했다가도 바로바로 복귀해서 출동할 수 있도록 선정된 지역)이라는 제한이 워낙 강해서 함부로 지역을 이탈할 수도 없는 시기이기도 했다. 만남을 자주 갖지는 못했지만, 전화로 안부를 물으며 사랑이 싹트기 시작해 결혼한 지가 이제 곧 30주년이다.

참 일도 많았다. 아파트도 좁았고 이사도 많았다. 잦은 이사로 인해 딸아이가 초등학교 때 정신과 치료를 받는 일도 있었다. 보증으로 몇 천만 원을 날리기도 하고 진급도 비선되는 쓴맛을 보기도 했다. 군인은 이사를 많이 한다고 꺼리기도 했지만, 결혼

10년 차를 지나면서 한곳에 살면 싫증 난다고 이해를 해주던 아내였다.

그러다 아내의 소중함을 다시 느낀 것은 건강검진에서 갑상샘암 진단을 받아 수술하고 병원에 머무는 동안이었다. 이때 많은 생각을 했다. 그간의 일들이 주마등처럼 지나가면서 미안함을 금할 수 없었다. 이래서 집안에는 여자가 있어야 하는구나, 아이들을 위해서 남자보다 여자가 더 오래 살아야 하는구나 등 별의별 생각이 다 들었다. 나 때문에 스트레스를 많이 받아서, 돈 벌어온다는 위세만 앞서서 집안일은 아내에게 모두 전가하고 사무실에서 보내기 일쑤였던 지난 시간에 대한 후회가 물밀듯이 밀려왔다.

좀 더 잘하자, 대화도 나누고 청소도 정리도 하고 함께 여행도 다니자고 마음을 고쳐먹고 행동으로 옮기려고 노력을 많이 했다. 여전히 노력하고 있지만, 시간이 흐를수록 그때 먹은 마음이 조금씩 시들어가는 것도 사실이다. 그래서일까? 갑상샘암을 완치했다고 알고 지냈는데, 얼마 전에 재발해 현재 약물치료 중이다. 이젠 두 번의 기회는 없다. 그 이후로 다니던 직장은 쉬기로 하고 휴식을 취하면서 운동도 하고 영양제도 먹으면서 건강관리에 신경을 쓰고 있다.

뭐니 뭐니 해도 평생 나와 동행할 사람은 옆에 있는 아내뿐이다. 그런데 소중함을 모른다. 막상 일이 닥쳐보면 뜨겁다. 뜨겁다고 느끼면 늦다. "있을 때 잘해 후회하지 말고, 있을 때 잘해 후회하지 말고"라는 어느 가수의 노래 가사를 떠올려본다. 나는 나중에 후회하고 싶지 않다.

밖에서 하는 행동을 아내에게 해라

남자들은 집에서 무덤덤하게 지내다가 밖으로 나가면 태도가 변한다. 집에서는 대화도 몇 마디만 나누고 TV나 핸드폰을 보면서 시간을 보낸다. 남편이 퇴근해서 아내한테 하는 말은 "밥 먹자", "불 꺼", "자자"가 전부라는 우스갯소리도 있었다. 얼마나 대화가 없으면 그럴까 생각도 해봤다.

나도 퇴근하면 집으로 가 옷만 갈아입고 술자리로 향하거나, 술자리가 없는 날에는 다시 사무실로 출근해서 업무를 보다가 밤늦게 퇴근하기를 밥 먹듯이 했다. 집에서 대화다운 대화를 하지 못하는 날이 많았다. 어쩌면 필요성을 느끼지 못했을 수도 있다. 아내가 다 알아서 잘 해주니 집안일은 떠넘기다시피 한 것도 사실이다. 그렇다 보니 대화의 시간은 점점 더 줄어들고 함께하는 시간도 줄어들었다.

그러나 집 밖에서는 친절했다. 나뿐만이 아니다. 많은 남편이 집 밖에서 만나는 사람들에게는 웃는 얼굴로 대하고, 특히 이성 앞에서는 더 친절해진다. 말도 골라서 듣기 좋은 말만 한다. 화가 날 때도 꾹 참고 미소로 대한다. 잘 보이려고 옷매무새도 고쳐 입는다. 정리도 깔끔하게 잘한다. 집에서는 하지 않는 언어를 사용하고, 행동을 한다. 물론 밖은 생존경쟁이 치열한 전쟁터이기에 상황이 다를 수는 있지만 만일 내 가족한테 이런 행동을 꾸준하게 하면 어떨까? 아마도 사랑받는 남편, 선택받는 남편이 될 거라고 생각한다.

바쁘다고, 피곤하다고 할 수도 있다. 하지만 집에서 기다리는 사람, 세상에서 하나뿐인 가족에게 밖에서 하는 것처럼 한다면 어떨까? 기념일이나 특정한 날에만 그런 것이 아니라 결혼 초부터 습관화되어 있었다면 상황은 180도로 달라졌을 것이다. 나도 한때는 그랬다. 지금도 많이 부족하지만, 대화를 많이 하려고 하고 집안일을 하고 정리정돈도 신경 써서 한다. 그래도 마음에 들지 않는 눈치다. 하지만 전보다는 많이 나아졌다. 이런 행동을 좀 더 일찍 시작했다면 좋았겠다는 아쉬움이 남는다.

아내에게 팔리는 남편이 돼라

내가 아내에게 했던 행동들이 생각난다. 언젠가 한번은 농번기에 고향 집에 가서 일을 도와드리고 돌아오는 길에 그리고 명절에 차례를 모시고 집으로 돌아오는 길에 아내가 푸념을 늘어놓았다. 힘들고 짜증이 난다고, 왜 나만 일을 해야 하느냐고 말이다. 이때 공감하면서 "고생했어, 많이 힘들지? 어디 아픈 데는 없어?"라고 대답하면서 위로해줬다면 좋았겠지만, 나도 힘들었던 터라 당연히 해야 하는 거 아니냐면서 나도 힘들다고, 그런 소리 듣기 싫다고 화내며 대꾸했던 적이 있다. 단적인 예이지만 앞서 말한 이런저런 일들이 겹치고 겹쳐 수년간 쌓여서 남편이 소중하기보다는 귀찮은 존재로 여겨지는 게 아닐까?

여자들이 알아주길 바라는 것은 힘든 것도, 돈이 드는 것도 아니라 바로 따뜻한 말 한마디와 공감이고, 집안일을 함께 해주는 것, 이것이 전부란다. 요즘은 육아를 위한 휴직제도가 활성화되어 남자도 휴직 신청을 할 수가 있고 육아 돌봄 시간도 활용할 수 있어서 여건이 좋아졌다.

예전에는 음식을 만드는 것도 여자들만의 고유영역으로 알고 살았지만, 요즘은 그렇지 않다. 도서관에 근무하는 지인의 얘기를 듣고 놀랐던 일이 있다. 최근 젊은이들은 육아 잘하는 방법, 음식 하는 방법, 여행 등 가족을 도와주고 함께하는 방법에 대한 책을 많이 찾는다는 것이다. 그만큼 고민하고 노력을 많이 한다는 얘기다. 그런데 이러한 것들은 나이가 젊든 많든 누구나 할 수 있는 일이 아닐까? 생각만 전환하면 할 수 있는 일이다.

최근 황혼 이혼율이 늘어나는 추세라고 한다. 그 이유를 보면 남자들의 가부장적인 사고와 소통의 부재에서 오는 갈등이다. 생각만 바꾸면 되는 일인데 바꾸지 않으려고 하는 것이 문제다.

바꾸지 않으면 아내한테 사랑받지 못한다. 나중에 평생 함께할 존재는 부부뿐인데도 말이다.

아내의 응원은 두 번째 직업의 필수

이직을 위해서는 절대적으로 아내의 응원이 필요하다. 아내의 응원 없이는 힘을 얻기 힘들고 의욕도 없어진다. 응원을 받으려면 평소에 반드시 집안일을 돕고, 아내와 잘 지내야 한다. 우선 다음 세 가지를 먼저 실천해 보길 바란다.

첫 번째, 아내의 마음을 헤아려라. 위로도 하고 공감도 해주라. 아내가 한 일에 대해서 칭찬해 주고 응원도 하라. 두 번째, 무엇을 하든 아내와 상의해라. 그리고 아내의 의견을 존중해라. 그것이 함께할 수 있는 첫걸음이다. 세 번째, 집안일을 함께하라. 청소도 하고 설거지나 세탁도 하라. 할 수 있는 일이다. 관념을 바꾸면 된다.

나도 처음에는 피곤한 몸이라 귀찮기도 했지만, 지금은 집 청소가 내 담당이다. 때론 세탁기도 돌리고 설거지도 자주 한다. 어떤 날은 아내가 자신이 하겠다며 만류하기도 한다. 표현도 자주 한다. 한 가지 명심할 것은 한두 번 한다고 해서 되지 않는다는 점이다. 자녀가 성장한 기간만큼 서운한 마음도 누적되어 있다. 서로 소통이 잘 되고 공감이 될 때까지 해야 한다. 그래야 아내에게 선택받는 남편이 될 수 있고, 노후가 편해질 수 있다. 또 그래야만 이직하더라도 응원받을 수 있다. 왜냐고? 그게 행복의 지름길이고 이직을 고려할 때 첫 번째로 해야 할 일이기 때문이다.

가족이 나만 바라보고 있다

어느새 퇴물이 되어가는 나이

세월이 훌쩍 지나갔다는 생각이 든다. 벌써 나이가 이렇게 됐나. 머리에는 하얀 서리가 내려 감추려고 해도 계속 늘어만 간다. 눈가에도 주름이 하나둘 늘어가고 서서히 체력도 떨어진다는 느낌을 받는다. 어쩌다가 밤샘 근무를 하고 나면 하룻밤만 지나면 훌훌 털어버렸던 20~30대와는 달리 회복 시기도 4~5일이 걸리곤 한다. 직장 내에서도 말발이 잘 먹혔지만 어느새 꼰대로 전락해 내 말은 잘 먹히질 않는다.

이런저런 상황들을 조합하면서도 '마음은 아직 20대인데' 하고 위로를 삼기도 한다. 그래도 이런 일들은 극복이 가능하다. 하지만 어느새 저 멀리 있던 후배가 나를 추월해서 내 윗사람으로 자리한다. 처음에는 그런 후배를 보면서 '어떻게 대할까?' 약간의 자존심을 내세워보지만 나의 본분과 가족을 떠올리면서 다시 한번 힘을 낸다. 시간이 지나면서 제자리를 찾고, 변화하는 상황도 겸허히 받아들인다. 그렇게 지나온 시간이 누적되어 나의 가치를 재점검하는 시기이기도 하다. 그래도 아직 젊다는 생각과 일을 할 수 있음에 감사하고 위로를 받으며, 하루하루를 열심히 달려간다.

이직의 문턱에서 드는 고민들

직장에서는 나이로 보나 시기로 보나 쓰임새를 받기보다는 눈치를 보는 나이에 접어들었다. 이직을 고민하던 세대가 386세대, 45정 세대에서 더 내려가 이제는 20대에서도 이직을 고려한다고 한다. 젊은 시절에야 이직을 고려할 때도 어렵지 않게 결정할 수 있다. 하지만 어느새 꼰대나 노땅으로 전락한 상황에서 이직의 문턱을 마주하게 되면 가족이 눈앞에 아른거린다.

외벌이로 살아온지라 일을 그만한다는 생각은 하지 않았다. 아니, 생각할 필요가 없었다. 하지만 때론 '아내가 공무원이었다면' 하는 바람도 가져보았다. 돈 앞에 장사가 없지 않은가? 하지만 돈이 필요하다고, 부족하다고 생각해 보지는 않았다. 그러다가 큰아이가 대학교 4학년, 둘째 아이가 대학교 1학년에 입학하자 1학기 등록금으로 1원도 안 빠지는 900만 원이 들어가고, 2학기에는 760만 원을 내고 나서야 돈이 있어야 한다는 큰 깨달음을 얻었다.

때로는 선배나 후배 중 가족이 공무원인 집을 부러워하기도 했다. 군이라는 직업 특성상 그런 가정은 서로 떨어져 사는 애환도 있었지만, 어느 정도 금전적인 여유도 있고 노후 걱정도 덜하는 모습이었기 때문이다. 부부가 받는 연금만 있어도 여유 있게 생활할 수 있으니, 당장 할 일이 고민이지 노후 걱정은 안 해도 된다는 얘기다. 이런저런 얘기를 듣고 복잡한 심정이 되면 부러움에 여러 가지 생각을 해보기도 했다.

점점 설 자리가 없어지는데 집에서도 마찬가지?

아이들이 대학생이 되면 아마도 아버지란 사람은 집에서 '돈 버는 사람'으로만 여겨질 수도 있다. 애들은 어렸을 때는 아빠를 필요로 하지만, 성장하면서 아빠와 함께하는 시간에서 재미를 느끼지 못하고 친구를 더 찾게 된다. 그저 두둑한 용돈을 주면 좋은 아빠로 생각한다.

아내 또한 마음으로는 그렇지 않겠지만 그간 애들을 양육하느라 지친 몸인데 이제 좀 쉴 만하면 남편이 아내를 필요로 하니, 아내 역시 남편을 그다지 달가워하지 않는 듯하다. 어떤 이들은 부부는 주중에 떨어져 살다가 주말에 봐야 편해지는 관계라고 말한다. 3대가 덕을 쌓아야 주말부부가 된다는 말도 나오고 있다. 아마도 요즘의 분위기를 대변하는 단편적인 이야기가 아닐까 싶다.

직장에서도 미래를 걱정하고 노후를 걱정하다 보니 어느새 지금의 자리에 와 있다. '언제 이렇게 됐지?' 세월의 야속함을 느껴보지만 피할 수 없는 나이에 와 있다는 얘기다. 이런저런 고민을 해봤자 쉽사리 결정을 내리지 못한다. 젊음이 가득할 때는 여러 가지 일에 도전해볼 수 있지만, 나이가 든 지금은 그것마저 쉽지 않다.

그렇다고 집에서 밀어주는 든든한 지원군도 없다. 때론 아내가 "이제 일 그만두고 쉬세요", "나랑 함께 한번 해봐요"라고 말해주기를 바라지만, 현실은 반대다. 내가 무언가 도전하려고 하면 아내는 반대부터 앞세운다. 싫어서가 아니라 아마도 불안해서 그럴 것이라고 생각은 하지만, 서운한 마음을 감추기 힘들다.

나 역시 정작 뚜렷하게 준비된 일이 없다는 것이 스스로 부끄러울 때가 있다. 솔직히 무언가를 시작한다 해도 지금껏 해온 일을 벗어나 새로운 일을 하는 것에 대한 두려움이 없지 않다. 만일 일이 잘못되면 다시 재기할 수 있는 나이도 아니다.

그러나 때로는 자식들이나 아내가 빈말이라도 "당신 하고 싶은 일에 한번 도전해 봐요! 응원해 줄게요!"라고 말해주기를 기대해 보기도 한다. 그런데 정작 그런 이야기를 식구들이 해온다면 나는 진짜 도전에 나설 수 있을까? 어쩌면 그런 말을 들어도 저지르지 못할지도 모른다. 나 역시 불안하기 때문이다. 직장과 가족 안에서 점점 설 자리가 없어지지만, 나 자신에게조차 점점 설 자리가 없어지는 나이, 그게 어쩌면 지금의 내 현주소가 아닐까.

도전은 큰 모험, 그러나 도전!

흔히들 얘기하는 금수저, 은수저, 흙수저 중 굳이 꼽자면 나는 흙수저에 속한다. 내 또래 대부분이 비슷하겠지만 결혼할 당시 나는 무일푼으로 시작했다. 신혼 보금자리는 월세 단칸방이었다. 비가 오면 침대 한가운데에 빗물이 떨어지는 집. 들어갈 때는 아무 이상 없다는 얘기를 듣고 들어갔지만 얼마 지나지 않아 집 상태가 들통났다. 그제야 주인한테 얘기를 해봐도 뾰족한 수가 없었다.

설상가상으로 보증을 선 게 잘못되어 3년간 알뜰살뜰하게 모아놓은 쌈짓돈마저 날리는 상황을 겪기도 했다. 그때는 별의별 생각이 다 들었지만, 그래도 꿋꿋하게 버텨나간 것은 바로 눈에 넣어도 안 아픈 아이들과 아내가 있었던 덕분이다. 그렇게 지내온 결혼 생활이 벌써 강산이 세 번 바뀌는 시간이 흘렀다.

한편으로는 나도 금수저였으면 하는 생각을 해보기도 했다.

그렇지만 현실은 피해갈 수 없었기에 부딪히면서 버텨왔다. 그렇게 버티는 데 도움을 준 것이 바로 사랑하는 아내다. 그때의 상황을 생각해 보면 이혼당하지 않은 게 다행이라는 생각과 감사하다는 생각을 늘 하게 된다.

여러 일을 겪어온 40~50대에 새로운 일을 한다는 것은 크나큰 모험이다. 그나마 고향 집이나 처가가 든든한 형편이라면 도전해볼 여유가 있지만 대부분 그런 사정이 되지 못한다. 실패는 성공의 어머니라는 얘기가 있지만, 금수저가 아닌 사람이 한번 잘못되면 재기하기는 쉽지 않다. 따라서 나라는 사람을 스스로 믿지 못하고 나만의 브랜드가 없는 상태에서 도전은 금물이다. 이것은 금수저든 흙수저든 상관없다. 새로운 일에 도전한다는 것은 새로운 모험이다.

그러나 나는 도전하지 않는 자에게는 아무것도 돌아오지 않는다는 것을 알고 있다. 그간 많은 경험을 하면서 실패든 성공이든, 무엇을 시작해야 결과를 알 수 있음을 직간접적으로 깨달았기 때문이다. 그래서 더 늦기 전에 미래를 위해 새로운 도전을 준비 중이다.

나처럼 용기를 갖고 도전하고 싶은 이들에게 내가 권하는 것은 한 가지다. 가장 먼저, 스스로 자신을 믿는지 다시 생각해 보고 결심하라는 것이다. 그런 결심이 없다면 새로운 모험도 도전도 처음부터 매우 힘들 것이기에, 확실히 자기 자신을 믿고 나서 시작하라고 말하고 싶다. 그 준비가 되었다면, 그다음에는 자기 자신을 알리고 타인에게 인식시킬 수 있는 확고한 '브랜드', 즉 경쟁력을 준비하라고 말하고 싶다. 자신을 시장에 내놓았을 때 팔리는 사람이 될 자신이 있는지, 그런 확고한 자신감이 들 때 도전을 시작하자. 그러면 성공은 자연스럽게 뒤따라올 것임을 믿는다.

내가 쓰러지면 가정도 무너진다

30여 년 동안 앞만 보고 열심히 달려왔다. 내가 하고 싶은 일보다 직장에서 원하는 스펙을 쌓고, 어떻게든 직장에서 살아남기 위해 아등바등하면서 지금도 몸부림을 치고 있다. 40대에는 자녀들이 주로 중고생이고 50대에 접어들면 대개 대학생이거나 성인이 된다. 앞에서 얘기한 직장에서의 나의 위치, 외벌이 가장 등은 말 그대로 지금 내 앞에 놓인 나의 현실이다.

그래도 감사한 것은 지금까지 아내가 내조를 잘해주고 함께 해준 것이다. 아직 나에겐 일할 시간이 많다. 평균수명 100세 시대가 열린다고 한다. 지금까지 고정관념으로 여겨졌던 60세 은퇴라는 말이 무색할 정도로, 지금까지 일한 기간보다 더 긴 시간을 일하게 될지도 모른다. 내가 과연 몇 살까지 일하게 될지 확실히 예측할 수는 없다. 80세이신 장인어른도 여전히 일하고 계시고, 앞으로도 계속 일하고 싶어 하시는 모습을 보면 아마 우리 세대는 더하면 더했지 덜하지는 않을 것이다.

이제 무엇보다 중요한 것은 건강이다. 40대든 50대든 상관이 없다. 자녀들은 아직 대학교 졸업, 취업, 결혼을 앞두고 있고, 어쩌면 지금까지 한 일보다 더 큰 일들이 우리 앞에 기다리고 있을지 모른다. 만일 이 중요한 시기에 건강을 잃으면 지금까지 나를 바라보고 있던 아내와 자식들은 어떻하겠는가. 그렇다고 누구한테 내 건강을 책임져달라고 할 수도 없다. 도전하는 일뿐 아니라 신체 건강을 관리하는 일이 중요한 이유다.

앞으로 더 많은 일들, 더 큰 일들이 놓여 있는 상태에서 체력을 챙기지 않는다면, 두 번째 업을 시작하기도 전에 나가떨어질지도 모른다. 젊을 때는 몸을 혹사하면서 일에 전념할 수 있었지만 이제는 나이에 걸맞은 체력 안배가 필요하다. 일과 삶의 적절한 균형을 잡으면서, 멀리 보고 건강도 챙기면서 미래를 대비해야 한다.

아직 해야 할 일들이 많다. 외벌이가 아닌 맞벌이 가정이라고 해도 가장이 해야 할 역할은 훨씬 크다. 많은 고민이 앞서고 걱정도 되겠지만 주변을 돌아보고 오래도록 버틸 수 있는 자신을 만들어나가야 한다. 그것은 새로운 도전과 모험이기도 하고, 스스로 브랜딩하기 위한 준비일 것이다. 그리고 그 모든 것들의 뿌리에는 건강한 신체와 정신이 깃들어야 한다. 그래야 이직을 하든 퇴직 이후 여유로운 은퇴의 삶을 즐기든, 새로운 일을 시작하든 할 수 있다. 그리고 궁극적으로 내 가족을 책임질 수 있는 내가 될 수 있다. 명심하자, 가족이 나만 바라보고 있다!

나만의 가슴 뛰는 '온리원'을 찾아라

빠르게 고령화되고 있는 한국

2022년 9월 18일, 〈한국경제〉는 "과천시 인구 넘어섰다…100세 노인 9만 명 돌파에 발칵"(정영호)이라는 기사를 실었다. 도쿄 특파원이 전한 그 소식은 일본의 100세 이상 초고령자 수가 처음 9만 명을 넘어선 24년 만에 9배 늘어나며 한국의 과천시 인구보다 많아졌다는 내용이었다.

이제 고령화 문제는 더 이상 일본만의 이야기가 아니다. 2021년 전국경제인연합회 산하 한국경제연구원(한경연)의 조사에 따르면 매우 충격적인 전망을 알 수 있기 때문이다. 한경연은 최근 10년간 한국의 65세 이상 고령 인구는 연평균 4.2퍼센트 증가해 고령화 속도가 일본(2.1퍼센트)보다 2배 빠르다고 말했다(우형준, 〈SBS 비즈>, "우리나라 고령화 속도 일본보다 2배 빨라…대책 부족으로 노인빈곤 우려", 2021.11.15.). 일본의 고령화는 우리나라보다 20년이 앞선다고 한다. 우리가 2배 정도 더 빠르다는 점을 감안하지 않더라도 이 정도 추세라면 우리나라도 2042년에는 100세 이상 인구가 이렇게 많아진다는 이야기다.

나만의 데이터를 축적하라

전에는 이러한 기사를 보면 남의 일처럼 느껴졌다. 40대 중반이었던 10년 전까지만 해도 그랬다. 그래도 그때는 아직 멀었다는 생각이 지배적이었다. 그러면서 40대 중반에 찾아온, 두 번째 업을 찾아야 했던 시기에 다행히 비행교관 일을 시작할 수 있게 되어 안심하면서 지내왔다.

하지만 이제는 아니다. 이 직장이 언제까지 이어질지 알 수 없는 상황이다. 또 근무 연장을 위해서는 1년마다 심사를 받아야 한다. 나이로 인해서 다른 곳에 문을 두드리는 것도 녹록지 않다. 그렇게 시간은 너무도 빠르게 흘러왔고 흘러간다. 어떨 때는 일주일이 하루처럼 느껴지기도 한다. 말로만 듣던 퇴직도 곧 현실로 다가온다.

어찌 보면 퇴직만이 큰 문제라고 볼 수는 없다. 인생 100세 시대가 닥친 지금은 오히려 퇴직 후의 시간이 더 본질적인 문제가 될 것이다. 100세까지 산다면 최소 20년 이상을 일해야 한다. 대책을 고민한다고 굴착기, 지게차, 드론 등을 배워보려다가 멈췄다. 중장비업에 종사하는 후배에게 자문해 봤더니 후배는 강력하게 반대했다. 퇴직 시기의 나이로 미루어볼 때 경력과 경험이 부족하므로, 면허를 딴다 해도 일하는 것이 수월치 않을 것이라고 했다.

남들에게 내 사정을 이야기하면 아직 5년이나 더 일할 수 있는데 너무 조급해하고 서두르는 것 아니냐고 할 수도 있다. 그러나 내 생각은 다르다. 두 번째 업을 성공적으로 찾은 사람들이 준비한 기간을 보면 3년에서 5년, 많게는 10년이라는 시간이 걸렸다. 게다가 현 직장에 지장을 주면서 두 번째 업을 찾는 것도 마음이 허락하지 않았다. 자투리 시간과 일과 후 시간을 활용해야 한다. 그러기 위해서는 시간을 절약해야 한다.

두 번째 업을 찾아야 한다는 막연함을 갖고 지내오다가 본격적으로 준비를 해야겠다는 마음을 먹게 된 것은 지금 참여 중인 새벽 독서 모임을 시작하면서부터였다. 모임을 통해 나만의 브랜드도 만들고, 데이터를 축적하면서 미흡한 분야를 보완해 가고 있다. 물론 아직도 해야 할 일들이 많다. 나 자신을 탄탄하게 하고, 알리고, 책을 쓰고, 지속적으로 데이터를 축적해 나간다면 건강이 허락되는 한 일에 대한 종료 시기를 고민하지 않아도 될 것이라고 확신해 본다.

취미에 정착하라

내가 좋아하는 것에 대해 비중을 두고 생각을 해본 적이 있는가? 나는 중고등학생 때에는 태권도가 하고 싶었다. 합기도도 배우고 싶었다. 하지만 할 수 없었다. 가정 형편이 어려워 태권도나 합기도를 배우는 데 필요한 돈을 마련할 형편이 못 되었다.

내가 살던 고향은 당시에 다른 곳보다 오지여서, 전기도 4학년 때에야 들어왔고 마을까지 들어오는 버스도 6학년이 되어서야 들어왔다. 지금은 너무도 흔한 텔레비전도 동네에서 좀 산다는 한두 집을 빼고는 없었다. 당연히 운동을 배우는 데 한계가 있었다. 그때도 태권도는 우리나라를 대표하는 운동이었다. 그래서 가정 형편과 상관없이 배우고 싶다는 생각은 늘 컸다.

그러다 대학에 들어가 아르바이트를 하면서 번 수입 일부를 쪼개서 그렇게 배우고 싶었던 태권도와 쿵후를 배워보았다. 또 대학 시절 산악부 생활을 하면서는 이 산 저 산 찾아다니면서 암벽등반과 워킹을 해보기도 하고, 입대 기념으로 종주 등반을 하면서 온종일 걸어보기도 했다.

그렇게 여러 취미를 거치고 나서 정착한 것이 색소폰이다. 색소폰 연주는 군 생활을 시작하고 20년이 지나면서 나에게 새롭게 다가온 취미였다. 지금도 잘하지는 못하지만 내가 이 취미에 정착한 이유는 새로운 목표가 생겼기 때문이다. 앞으로 5년 후에는 내가 즐길 수 있는 곡을 준비해 사람들 앞에서 자유롭게 연주하면서 봉사하고 싶다는 꿈을 꾸게 되었다. 그리고 그 결심을 실현하기 위해 지금도 틈틈이 연습을 이어가고 있다. 퇴직 후에 봉사활동을 하면서 기부하는 삶, 그것을 내가 좋아하는 색소폰 연주로 하리라 마음먹고부터는 연습하는 시간이 더 기다려지고 훨씬 풍요로워졌다.

무엇을 줄 수 있는 사람인지 고민하자

지금까지 살아오면서 딱 한 가지 내가 고수해온 것이 있다. 거창한 것은 아니지만 이 원칙만은 지키려 노력한다. 바로 상대방의 말을 들어주고 상대방을 먼저 생각하는 것이다. 내 일보다 상대방의 일을 먼저 해주는 것. 그렇게 30여 년간 한 우물을 파고 있다.

이런 원칙은 조종 교육을 마치고 배치된 부대에서 신나게 매를 맞으면서 시작되었다. 당시 하늘 같은 고참이라는 선배로부터 겪었던 일이다. 지금도 기억이 생생하다. 내가 선배에게 맞은 이유는 집합 시간에 늦었기 때문이었다. 군에서 시간은 생명과도 같기에 약속 시간을 어기는 일은 치명적일 수 있다. 그러나 당시에는 피치 못할 사정이 있었었고, 늦는 이유도 사전에 전화로 알린 터였다. 그런데도 그 선배는 새벽 행군하는 전날에 밤새 얼차려를 시켰다. 그때 나는 기합과 매를 맞으면서 다짐했다. 나는 선배가 되어서도 이렇게 하지 않겠다고. 당시 32개월은 참 힘들었던 시기다. 일정 기간 근무하고 심사를 받고 대상자를 남길 것인지, 원래 소속된 병과로 보낼 것인지 결정을 받아야 하는 시기였다. 기회도 한 번뿐인 터라 항상 긴장의 연속이었다.

이러한 과정을 겪으면서 생각이 많아질 수밖에 없었다. 반성도 많이 했다. 그래서 결심한 것이 '내가 줄 수 있을 때, 먼저 다 주자'는 것이었다. 사람을 대할 때 의심을 하지 않고, 꾸미지 말고 있는 그대로 대하는 것이다. 판단은 상대에게 맡기기로 했다. 심적으로 다소 힘든 시기였지만 이런 자세를 갖추어야 한다고 배우는 계기가 됐다. 그리고 당시의 그 가치관이 몸에 배었는지, 지금도 기준은 변함이 없다.

지금 생각해 보면 그렇게 해서 지금까지 순탄하게 군 생활을 이어왔는지도 모른다. 몇 년 후면 퇴직을 앞둔 지금, 인생의 두 번째 업을 생각하면서 나는 나를 지금의 이 자리에 오게 한, '먼저 줄 수 있는 사람이 되자'라는 원칙을 여전히 고수하리라 마음먹는 중이다.

그런데 무엇을 준다는 의미를 추상적으로만 생각해왔던 것도 사실이다. 그러다 독서 모임을 하면서 첫 번째 받은 질문이 "훗날 어떻게 죽을 것이냐? 무엇을 남기고 죽고 싶으냐?"였다. 질문을 받고 고민에 고민을 거듭하다 앞에서 말한 봉사와 기부하는 삶을 기반으로 남에게 용기와 희망을 주는 사람, 가치 있는 사람이 되기를 한 번 더 꿈꾸어보았다. 그러기 위해서는 어느 정도 수입도 있어야 하고 능력을 갖추어야 할 테니, 나의 가치를 높이는 일을 병행하는 일도 필요하리라.

나만의 특화된 상품을 만드는 기쁨

흔히 말하는 흙수저인 나는 삶의 목표를 달성하고 실천하기 위해서는 아직 부족하고 자유롭지 못하다. 봉사와 기부를 하려면 어느 정도 수입이 뒷받침되어야 한다. 이를 해결하기 위해서 어떤 때에는 '제품을 홍보하거나 팔아볼까?', '다른 회사로 옮겨 다녀볼까?', '좀 더 일할 수 있는 민간회사로 가는 게 맞는 것일까?' 등 여러 생각을 했다.

그러나 최종적으로 내가 내린 결론은 '아니올시다'이다. 자녀 양육 문제도 그렇고 직장에서의 제약사항도 한몫하기에 배움을 제외하고는 무엇에 도전하는 게 쉽지 않기 때문이다. 이런 이유에서도 나는 자유롭기 위해 두 번째 업을 찾고 있다. 그리고 그것을 위해 '나는 어떤 사람일까?', '무엇을 주는 사람일까?'라는 이 두 가지 질문에 대한 답을 찾는 중이다. 그 답변이 나의 두 번째 업을 이어가는 핵심이라고 생각한다.

'나는 어떤 사람일까'에 대한 답은 현재 나를 알리는 작업을 지속하는 것으로 찾는 중이다. 그런 뒤에 SNS에 내가 줄 수 있는 부분을 어필하면서 타인에게 도움을 주는 방법과 기회를 찾고 있다. 요즘 내가 시간을 쏟는 '기부' 분야는 생활 속에서 필요한 기상 상식, 하늘을 나는 방법, 조종사가 되는 방법, 면접을 준비하는 팁 등을 정리해서 SNS에 올리는 일이다. 내가 지금까지 해온 일이고 누구보다 잘할 수 있는 일이기에, 정보를 정리하는 나 자신도 매우 즐겁고, 또 정보를 원하는 다른 이들에게도 도움되는 일이라 생각한다.

이 과정에서 나 자신을 돌아보고 잘된 것은 계속 유지하고 미흡한 부분은 보완하면서 계속 나를 만들어가고 있다. 또 독서를 함께 하면서 나를 변화시키는 일에 몰두하고 있다. 시장에서 통하는 사람으로, 또 시대를 읽고 흐름을 아는 사람으로 말이다.

휴먼 에너지는 영원하다

아무리 시대가 바뀌고 과학이 발전한다고 해도 휴먼 에너지는 변하지 않을 것이다. 인스타그램에 계정을 만든 지 이제 1년이 지나고 있다. 나를 팔로우하는 사람은 287명. 몇 만 명을 보유하고 있는 사람에 비하면 보잘것없는 숫자일 수도 있다. 그러나 '파일럿 조'라는 브랜드와 함께 내가 어떤 사람이라는 것을 알릴 수 있도록 데이터를 지속적으로 축적해 가는 일을 쉬지 않을 작정이다. 내가 몇십 년 동안 해온 일에 나의 응축된 에너지가 있을 것임을 믿어 의심치 않는다. 두 번째 업을 찾고 그 업을 향해 나아갈 수 있는 에너지 역시, 그간 응축된 나의 휴먼 에너지에서 나오는 것이라고 확신한다. 이런 마음가짐으로 에너지를 쓴다면 반드시 나를 필요로 하는 곳으로부터 쓰임을 받을 수 있다는 확신이 든다.

나의 에너지가 나의 생존 무기

21세기, 지금 우리가 사는 세상은 3차산업과 4차산업이 교차하는 시기라고들 한다. 변화의 변곡점이니, 변화에 가속도가 붙었다느니 하는 소리들로 세상이 떠들썩하다. 아무리 모든 것이 변화하고 발전한다고 해도 휴먼 에너지는 변하지 않겠지만, 기후변화로 인한 환경위기와 유럽 전쟁의 여파가 가져온 전 세계적인 경제위기는 우리들의 삶을 매우 위태롭게 할 공산이 크다. 이런 시기에 기로에 선 40~50대 가장들은 무슨 동력으로 두 번째, 세 번째 업을 찾아야 할까?

확실한 것은 나만이 갖는, 나이에 제약을 받지 않는 생존 기술을 갖추는 것이다. 대부분의 직업은 나이라는 유효기간의 영향을 받는다. 특별한 기술이 있다고 하더라도 자영업을 하지 않는 한 40~50대가 되면 바로 유효기간 앞에 직면한다.

40대 후반에 설비를 하는 분을 만났다. 언뜻 봐도 60대 후반으로 보이는 분이다. 직장을 다니다가 우연한 계기에 배우게 되었다면서 "요즘은 이런 일 안 하려고 해요. 배우려고 하는 사람이 없어요"라고 말씀하셨다. 순간 배우고 싶다는 생각이 들었지만 나도 30년 베테랑으로서 그에 버금가는 헬기 조종기술을 보유하고 있다고 속으로 혼잣말을 했다.

하지만 지금의 생각은 '아니다'로 바뀌었다. 앞으로 길어야 10년, 언제인지는 모르겠지만 나이 앞에 손을 들어야 한다. 60대 중반의 나이가 되면 어떻게 할까? 연금만 바라보고 살아야 할까?

나만의 생존 기술이 필요하다. 나는 상대의 대답을 '예스'로 끌어내는 클로징 기술도 배워봤다. 그리고 개인 브랜드를 만들기 위해 SNS에 글도 올리고 있다. 이제는 나만의 데이터를 쌓아 나갈 때마다 특화된 나만의 생존 기술을 터득해서 삶의 최종 목표인 봉사와 기부를 실천하는 삶으로 이어갈 것이다.

2장

새롭게 'Powerful Person'이 되었습니다

취미로 제2의 인생을 시작했습니다

꾸준히 해왔던 취미가 세상에 홍보되다

10여 년 전 같이 근무했던 후배로부터 전화가 왔다. 오랜만에 안부를 묻는 전화였다. 반가운 마음에 그간에 있던 이런저런 얘기를 하면서 담소를 이어갔다. 대화를 나누던 중 문득 후배는 밝은 목소리로 내게 말했다.

"선배님, 제가 며칠 있다가 SBS에서 방영하는 〈세상에 이런 일이〉란 프로그램에 출연하니까 시청해 주세요!"

"와우 대단한데! 어떤 내용이야?"

후배는 답을 이어갔다. 10년 전부터 취미로 나무젓가락을 이용해서 만든 소총, 항공모함, 전투기, 건담 로봇 등의 미니어처를 블로그에 올렸는데, 이를 본 방송사에서 출연 요청을 해왔다고 한다. 하지만 당시에는 군인 신분이라서 거절했고, 시간이 흘러 전역을 1년여 앞둔 지난 3월, 방송사와 다시 연락이 닿아서 그동안 해왔던 일과 두 번째 계획하고 있는 업을 대외적으로 홍보도 할 겸 출연을 결정했다는 얘기였다.

방송을 보았더니 나무젓가락을 이용해 그동안 만들었던 다양한 작품 중 나름 완성도가 높은 작품 수십 점을 따로 준비한 전시공간에 전시하고 있었다. 후배의 취미가 아직 본격적인 돈벌이로 이어지진 않았지만, 10년간 준비해온 작품을 결국 세상에 내보낸 후배를 보니 정말 부러웠다. 그리고 후배가 그 일을 어떻게 준비해왔는지 문득 궁금해졌다.

미치면 행복하다

프로그램 방영이 끝나고 며칠 뒤, 후배에게 전화를 걸어 인생 2막을 열어줄 '업'을 준비할 수 있던 과정을 물었다. 두 번째 업을 위해서 어떻게 준비해왔는지, 두 번째 업을 찾고 있는 사람에게 한 마디의 조언을 해준다면 어떤 얘기를 해주고 싶은지 궁금했다. 내 질문에 후배는 "정말로 하고 싶은 일을 찾고, 그 일에 미쳐보세요! 미치면 행복합니다!"라고 짧지만 의미 있는 답변을 했다.

"선배님! 저 사실은 10년 전부터 취미로 목공을 해왔습니다."

후배는 당시 가족과 떨어져 살던 터라 퇴근하면 집에 덩그러니 혼자 있었다고 했다. 외로운 생활이 이어졌고, 이렇게 지내면 무기력해져서 안 되겠다는 생각에 고민을 시작했다. '무엇을 할까?' 이게 늘 고민이었다고 했다.

'내가 진짜로 행복해할 수 있는 일이 무엇일까?'

'타인의 지시가 있어서 하는 일이 아니라, 내가 스스로 하고 싶은 일은 무엇일까?'

'내게 남은 시간 동안 꼭 해보고 싶은 일은 무엇일까?'

고심 끝에 찾은 것이 목공이었다고 말했다.

"지금은 연필깎이가 있어서 편리하지만, 우리가 초등학교에 다니던 시절에는 커터칼로 깎아서 써야 하지 않았습니까? 그때 저는 연필 깎는 것을 좋아했고, 주변 사람에게 전동 연필깎이로 연필을 깎은 것처럼 정교하다는 칭찬을 늘 들었습니다. 또 연필을 깎는 과정에서 풍기는 향나무 냄새가 좋았습니다. 옛날의 추억이 떠오르면서 '내가 좋아하는 일이 나무를 깎는 거구나'라는 생각에 시작한 것이 목공이었습니다. 처음에는 전문가용 나무를 구매해서 전동 드릴과 그라인더를 사용했지만 고가의 비용과 소음으로 인한 피해가 우려돼서 '어떻게 하면 좋을까?' 고민했습니다. 그러다 소음 없이 간편하게 사용할 수 있는 조각칼을 이용해 목공을 하는 방향으로 결정했습니다."

후배는 재료의 가격을 고려해서 아이스크림을 먹고 나면 남는 나무나 이쑤시개를 붙여서 만들었는데, 사용하는 나무의 크기가 작고 약하다고 느껴 조금 더 튼튼한 나무젓가락을 이용하게 되었다고 했다. 초기에는 마음만 앞서서 실수하고 구상대로 결과물이 나오지 않았지만, 결과물과 상관없이 목공을 하는 과정에서는 고민도 없고 행복한 시간이었다고 한다.

목공으로 시간을 보내면서 더불어 주변 사람들에게 가훈이나 연인을 위한 사랑의 글귀를 써주면 좋겠다는 생각으로 캘리그래피에도 관심을 가지게 되었다고 덧붙였다. 이후 틈틈이 달력이나 이면지에 능숙해질 때까지 연습했다. 의미 있게 스토리를 만들자는 결심을 한 뒤에는 일력을 구해서 하루씩 뜯어내며 매일 매일 명언, 대사, 의미 있는 단어를 써서 캘리그래피로 만들었고, 하루 1시간 이상 꾸준히 연습하면서 실력을 쌓고 있다.

목공과 캘리로 즐거운 취미 생활을 이어가던 중, 진급에서 탈락하는 불운도 있었다. 그럼에도 곧 충격을 이겨내고 다음에는 무엇을 하면서 살아야 하나, 어떻게 하면 행복하게 살까 구체적으로 고민하게 되었다고 한다. 그러면서 '30여 년간 이어진 조직 생활을 끝내고 좀 여유롭게 살자', '시간에 쫓기지 말고 여유 있는 삶을 살자'라는 생각으로 두 번째 업을 찾아야겠다고 결심하는 계기가 되었다고 했다.

앞으로 남은 기간은 6년. 전역 후 필요한 생활 비용을 나름대로 검토해 본 결과 매월 받는 연금이 있고, 연금에 추가해서 최소 월 100만 원의 소득이 있으면 안정적인 생활이 되겠다고 판단했다고 한다. 평소에도 퇴직 후 고향에서 살아야겠다는 마음도 있어서, 인생 2막을 위해 귀향을 결심하게 되었다고 했다.

우연히 만난 작은 아이템이 두 번째 업으로

후배는 귀향을 결심하고 인생 2막을 목공으로 결심하게 된 계기에 대해서 들려주었다.

"제가 2017년 용인 ○○부대에서 근무할 때 주말에 우연히 찾았던 여주의 1만 원 도자기 커피숍에 간 적이 있습니다. 커피를 주문하면 주인이 직접 제작한 도자기 머그잔을 고르게 했습니다. 선택한 머그잔에 주문한 커피를 담아서 손님에게 건네고, 손님은 커피를 다 마신 머그잔을 가져가는 방식으로 운영하는 곳이었습니다.

커피보다는 머그잔을 판매하는 커피숍. 지금까지 보지 못했던 판매방식을 보면서 새로운 생각이 들었습니다. 우리가 일상생활 속에서 1차 소임이 끝난 커피잔을 처리하는 방법은 여러 가지가 있구나! 커피를 다 마시면 폐기하거나, 재처리 과정을 거쳐 다시 사용할 수 있도록 만드는 리사이클링(Recycling)을 하거나, 새로운 디자인을 통해 활용 방법을 완전히 바꿔 새로운 가치를 지닌 제품으로 만드는 업사이클링(Upcycling)까지.

즉 오토바이나 자동차 부품을 이용해 본래 기능이 아닌 로봇이나 벤치, 장식품 등 전혀 다른 기능으로 탄생시키는 것처럼, 업사이클링의 의미를 저에게로 옮겨 자신을 돌아보게 되었습니다. 그래서 지금까지 가족을 위해 30년간 해온 군대 생활로 1차 소임을 다했다고 생각했습니다. 1차 소임이 끝나는 시점에서 지금까지 해온 경험을 살려 항공 관련 업체로 리사이클링을 할 수는 있겠지만 5~6년 후 정년이 다가오면 결국 다시 일에 쫓기게 되고, 행복하지 못할 거라고 판단했습니다.

그럼 어떻게 할까 고민하다가 도자기 머그잔을 판매하는 커피숍을 내 직업에 적용해 내가 좋아하고 평생 할 수 있는 일로 직업을 바꾸어 행복한 삶을 살자, 꿈꾸는 삶이 있는 일을 하자, 내가 업사이클링을 하면서 사람들에게 무언가를 도와준다면 나에게도 휴식이 되고 더 의미 있는 삶이 되겠구나, 하고 결론을 내리게 되었습니다."

이런 생각을 하며 후배는 전에 구매했던 고향의 텃밭 300평에 추가로 소나무밭 350평을 구매했다고 말했다. 더불어 약 700여 평 되는 공간에 그동안 만들었던 작품을 전시할 수 있도록 전시 공간과 공방을 만들었다. 공방에서는 나무젓가락을 이용해서 작품을 만드는 과정을 보여주고, 교육과 실습을 할 수 있도록 공간을 구성했다.

또 사람들에게 텃밭을 분양해서 농사 체험을 하는 용도로 땅을 활용하고, 농사 체험 후 사람들이 소나무밭에서 바비큐를 하면서 휴식할 수 있도록 시간과 장소를 제공해 주고 있다.

그런 노력이 빛을 발하기 시작했는지, 아는 선배로부터 그동안 해온 취미 활동과 두 번째 업을 준비하는 과정을 강의해달라는 요청도 받았다. 지금은 인생 2막을 준비하는 사람들을 대상으로 월 2~3회 자신이 좋아하는 일을 찾는 방법과 두 번째 업을 찾는 방법 등을 안내하고 있다고 한다. 이렇게 그 후배는 지금까지 살아온 삶의 방식에서 완전히 벗어나, 자신을 업사이클링해 두 번째 업을 진행 중이다.

행복하고 마음 설레는 일에 한 발짝 내디뎌라!

지금까지 소개한 후배는 강원도 원주에서 '나무꾼 놀이터'를 운영하고 있는 동금철 대표다. 동 대표는 자신이 지금껏 만들었던 최고의 애장품은 건담 로봇과 60센티미터 거북선이라고 소개하면서 다음과 같이 조언했다.

"자신이 정말로 좋아하는 것을 찾아라. 그리고 그것에 미친 듯 몰두해라. 미치면 행복하다. 어쩌면 그것이 두 번째 업이 될 수 있다. 자전거 타기를 좋아해서 자전거에 집중해 보면, 자전거 대리점을 열 수도 있다. 운동을 좋아하면 그 운동에 몰입하라. 그러면 그 운동과 연관된 일을 할 수도 있다."

동금철 대표는 사람들이 퇴직 전에 다른 업을 준비하도록 돕는 교육에 강사로 초대되어, 수강하는 사람들에게 다음과 같은 질문을 건넨다.

"만약 한 달에 한 주를, 일주일에 하루를, 하루의 일과 8시간 중 1시간을 주면 제일 하고 싶은 일이 무엇인지 생각해 보세요. 떠오르는 그 일은 무엇입니까?"

예상 밖으로 강의에 참석한 사람의 95퍼센트 이상은 질문에 답을 하지 못한다고 한다. 동 대표의 말을 들으며 실은 나도 답을 내리지 못했다. 지금까지의 삶에서는 나보다 아내를, 자녀의 뒷바라지를 위해서 돈을 벌어야 한다는 생각이 앞섰기 때문이다. 내가 좋아하는 운동, 낚시, 악기 연주, 여행 등을 생각하다가도 '지금은 안 돼! 나중에 애들 대학 마치고, 결혼시키고 하지 뭐!'라며 미루다 보니, 나에 대해서 돌아보고 생각하는 시간은 없었다고 해도 과언이 아니다.

하지만 이제 미룰 수 없다. 세상도 변하고, 생업에 쫓기다 보면 어느새 흘러가는 대로 살 것이다. 나를 어떻게 리사이클링할 것인지 아니면 업사이클링을 할 것인지 고민해 보고, 업사이클링을 결정했다면 내가 진정으로 좋아하는 일은 무엇인지 떠올려 보라. 나는 생각만으로 행복한 취미가 두 번째 업이 될 수 있다고 확신한다. 마음을 설레게 할 취미에 바로 지금 한 발짝 내디뎌보길 바란다.

이제는 법이 아닌 떡을 팝니다

떡 만드는 법무사 사무장

내 친구 L은 현재 조치원에 있는 법무사 사무실에서 근무 중이다. 보통은 월 1회, 또는 격월로 동창회에서 얼굴을 마주한다. 몇 개월 전 코로나로 인한 거리 두기도 어느 정도 해제되고, 2년여 만에 오프라인 동창 모임에 참석했다. 반가운 친구 모임에 참석했기에 오랜만에 서로 인사를 나누었다. 마주 앉아 담소를 나누던 중, L이 자리에서 먼저 일어나야 한다고 양해를 구했다. 사정이 궁금해 무슨 일이 있느냐고 물었더니, 주문 들어온 떡을 준비해야 한다고 답하는 게 아닌가?

모임에서 헤어진 후 못다 한 이야기를 듣고 싶어 L에게 전화를 걸었다. 법무사 사무장이라는 직장이 있는데 어째서 떡집을 창업하게 되었는지, 운영은 잘 되는지 궁금한 게 많았다. 창업하게 된 동기, 창업 과정 등 전반적인 이야기를 들려달라고 부탁했다. L은 어느덧 50대 중반 나이가 되며 많은 생각이 들었다는 말로 설명을 시작했다.

"법무사 사무장 일은 정해진 정년이 없기에 몸만 건강하면 계속 일할 수 있어. 어찌 보면 안정적인 직장이니까 열심히 출근만 하면 되고. 또 현재 직장이 힘들거나 특별한 걱정거리가 있는 것도 아니야. 하지만 정년이 없어도 마냥 안심하고 있을 수는 없는 노릇이지. 젊은 사람과 보이지 않는 경쟁도 해야 하고, 업무 스트레스가 있어 힘에 부칠 때도 있고. 20년 넘게 월급쟁이로 일했는데, 정작 노후 대비가 넉넉히 되어 있는 것도 아니고. 자식들 결혼도 시켜야 하는데, 이 일 하나만으로는 부족하다는 생각이 들었어. 치솟는 물가를 따라잡기도 지금의 수입으로는 부족하다는 생각이 들고. 그러다가 두 번째 직업을 생각해낸 게 떡집 창업이었지. 요즘 두 가지 업을 병행하는 사람이 많다는데 나도 그 대열에 낀 셈이야."

뚜렷한 목표가 있어야 두 번째 업이 가능하다

L에게 떡집을 하게 된 배경과 언제부터 준비했는지 물었다. 그는 2003년에 미래를 대비하기 위한 재투자로 무엇을 할지 고민

했다고 한다. 부동산을 구매할까, 상가를 분양받을까. 많이 고민하던 중 마침 인접한 동네 상가에 경매로 건물이 나온 것을 알게 되었다. 낙찰받고, 등기 정리를 완료하고, 월세를 받으며 건물을 유지해오던 중, 2015년 봄에 떡집을 운영하던 아버님의 건강이 안 좋아져, 직접 운영하는 것이 힘들어졌다고 전했다.

L은 아버님의 떡집을 어떻게 해결해야 좋을지 고민하다가 그동안 월세를 받아오던 상가에 떡집을 창업하기로 결정했다. 떡과 관련된 기계는 부친의 가게에 있던 부품을 재활용하면 되어서 문제가 없는데, 다만 떡을 만드는 기술이 문제였다. 어머님께서는 아버님을 보조하는 개념으로 일하셨기 때문에 구체적으로 정리된 기술은 없는 상태였다. 아버님 병환은 더욱 깊어졌고, 시간이 흘러 아버님께 경험과 기술을 배우기도 어려워졌다.

L은 결국 자신이 떡 만드는 기술을 직접 배우는 수밖에 없다고 판단이 섰다. 수소문 끝에 서울에 있는 떡집 학원을 알아냈고, 이후 1년 동안 주말마다 학원에서 교육받으며 수강을 마쳤다. 나름대로 떡집 운영방식을 정리한 후 모친의 도움을 받아 2017년 떡집을 창업했고, 현재 큰 탈 없이 운영 중이라고 했다.

L은 이미 다니던 직장이 있었기에 두 번째 업에 100퍼센트 몰두할 수는 없었다. 그렇다고 장사를 소홀히 할 수도 없었다. 그래서 현재 직장에 충실하면서 떡집은 예약제로 운영했다. 미리 예약받아서 주문받은 수량만큼 준비해 배달한다고 설명했다.

친구의 설명을 들으며 두 번째 업을 찾기 위해서는 스스로 정한 뚜렷한 목표가 있어야 하고, 그 목표를 위해 철저하게 준비해야 한다는 것을 다시 깨달았다. 다음 직업 준비에 필요한 비용도 현재의 능력을 고려해 경제 상황을 살펴보고, 충분히 생활을 이어갈 수 있는 범위 내에서 고려해야 하며, 무리하게 빚을 내면 자칫 심각한 상황으로 빠지기 쉽다는 배움도 얻었다. L의 이야기를 듣는 내내 나는 그가 매우 현명하게 판단했다고 생각했다.

시간 사용은 마음먹기에 달려 있다

나는 본업도 있는 L이 떡집을 운영하는 방식에 대해 또 다른 궁금증이 생겼다. 남들과 같은 9시에 출근해서 18시에 퇴근하면 어떻게 가게 운영이 가능할 수 있는가 하는 점이었다. 떡을 준비할 시간, 배달할 시간도 없어 보여서 시간 분배를 어떻게 했는지 물었다.

L은 대뜸 대답 첫머리에 "맞아, 시간이 부족해"라고 답했다. 그래서 그는 예약 전날 낮에 어머니께서 주문을 받으면 저녁에 재료를 준비해 놓고 다음 날 새벽 4~5시에 떡을 만들어 배달하고 출근을 한다고 했다. 그러면 몸은 피곤하지만, 전날 받았던 스트레스도 풀리고 힐링도 된단다.

"이래서 사람은 움직여야 하나 봐. 그런데 주변에서는 그냥 편하게 살라거나 내려놓고 살고 욕심부리지 말라고 해. 말만 욕심부리지 말라면서 정작 본인은 잘살아야 한다며 욕심부리는데, 이거 너무 모순된 얘기 아니야?"

이어서 L은 얼마 전 돌아가신 방송인 송해 선생님 이야기를 꺼냈다. 그분을 보면서 시간을 어떻게 사용하느냐가 정말 중요하다는 생각이 들었고, 또 남들을 즐겁게 해주는 일에 일평생을 바친 것을 보면 숙연해진다고도 했다.

"지금은 큰 이익을 보지 못하지만 사업은 하나가 망하면 하나가 흥하게 되어 있어. 아직은 한쪽에서 벌면 한쪽에서 메우는 형태로 유지하고 있지만, 돈에 욕심이 있어서 떡집을 운영하는 건 아니야. 돈을 벌려면 운도 따라야 하고, 때가 있어야 들어오는 법이니까."

L은 자신의 업에 대한 철학도 들려주었다. 돈 버는 일에 조급해하면 오히려 망가질 수 있으므로 서두르지 않고 있다고 말했다. 다행히 떡집에는 아버님이 닦아놓으신 길과 여러 고객이 있어 큰 손해는 보지 않고 운영할 수 있단다. L의 이야기를 들으니 내가 휴식을 취한다며 유튜브와 TV 시청을 하고, 술 한잔하고 웃으면서 흘려보내는 시간도 얼마나 중요한 것인지 되돌아보는 계기가 되었다.

L과 대화를 이어가던 와중에 복숭아 농사를 짓는다는 말이 언뜻 나왔다. 농사 얘기를 듣고 "넌 참 대단하다. 너무 무리하는 거 아니야? 그러다 쓰러지겠다! 걱정된다"라고 대꾸하자 친구는 힘들지만, 복숭아나무가 있는 들에 나가면 그리 마음이 편할 수가 없다고 했다. 몸은 피곤해도 왠지 모르게 살아 있다는 생동감을 얻고, 농사일에 몰입하다 보면 스트레스가 달아나고, 복숭아나무를 가꾸는 과정에서 삶의 지혜도 많이 배운다고 말이다.

식물도 사람하고 똑같다. 사람도 관리를 안 하면 병이 들듯이 식물도 주기적으로 관리를 해줘야 병에 덜 들고 수확량도 늘어난다. 밭에서 얻는 소득은 농약값, 인건비를 제외하면 남는 건 없지만 녹색 들판을 보며 마음의 평온을 찾고, 내가 노력하고 보살펴준 만큼 수확량으로 되돌려주는 복숭아나무를 보면서 사무실이나 떡집에서 느끼지 못하는 또 다른 보람도 느낄 수 있기에 만족한다는 이야기를 들려줬다.

오랜만에 통화를 하면서 두 번째 업을 준비해온 과정을 나누고 진솔한 소통의 시간을 가지니 마음이 든든하게 채워졌다. 1시간 가까이 창업 및 이직 준비 과정을 들으면서, 두 가지가 가장 와 닿았다. 미래를 위해 좋아하는 일을 찾아 준비해야 한다는 점과 계획을 정교하게 세워 시간 관리를 잘해야 한다는 것이었다. 평소에 술 마시고, 불필요한 수다나 늘어놓으면서 보내는 시간만 줄여도 우리는 충분히 두 가지 업을 찾고 가질 수 있다. 똑같이 주어진 24시간을 의미 없이 흘려보내며 12시간처럼 쓰는 사람이 있는가 하면, 분배를 잘해서 48시간처럼 활용하는 사람도 있다. 하루를 잘 활용하면 내가 목표한 삶을 향해 알차게 이직을 준비할 수 있다는 확신이 들었다.

IT 증권사보다 공부방 원장이 더 좋습니다

5년간 정들었던 IT 증권사에서 퇴사하다

경기도 동탄에 거주 중인 지인 S는 2010년 모 중견기업 증권사에 입사했다. 입사하면서 모든 것을 얻었다는 성취감과 기쁜 마음으로 근무를 시작해, 하루하루 나름대로 보람과 성취를 느끼며 일했다. 하지만 시간이 지나며 무기력에 빠져, 열심히 근무하고 싶은 마음이 점점 사라져갔다. 쏟아지는 업무, 계속되는 밤샘 근무, 잦은 회식, 상사와의 갈등이 원인이었다. 잠깐의 여유가 생기면 잡담이나 타인의 뒷담화를 하며 무의미한 시간을 보내는 모습들도 싫증이 났다.

S는 입사 4년 차를 넘기면서 대리로 승진했다. 그러나 부사수로 근무하던 후배가 암에 걸려 투병 생활을 하는 모습을 보며 다

시 회사 생활에 대한 회의감을 느꼈다. 게다가 아무리 장래를 생각하며 버티려 해도 부장까지밖에 진급할 수 없겠다는 생각이 들었다. 주변의 상사나 동료를 둘러봐도 비전 있는 장래를 계획하는 사람보다 현실에 안주하려는 모습만 눈에 띄었다. S는 실망감과 더불어 그들의 모습이 미래의 자신을 보는 것 같아 불안해졌다.

더군다나 육아도 신경을 써야 하는데, 매일 이어지는 야근으로 아이와 함께하는 시간도 많지 않은 실정이었다. 육아 때문에 발생하는 문제에서 남편의 부담을 덜어주려는 노력조차 S에게는 부담이었다. 어떻게든 버틴다면 일정 기간 근무를 이어갈 수는 있겠지만, 매 순간 숨이 턱 막힐 것만 같았다. 모든 것이 마음대로 되지 않는 상황이 이어졌다. 오랜 고민 끝에 그는 스스로 할 수 있는 일을 하는 게 좋겠다는 결론을 얻으며 퇴사를 결심했다.

새로운 업을 찾다

S는 퇴사 후 육아에 전념하며, 머리로는 다른 일을 시작해야겠다고 계획했다. 그러던 중 우연히 친인척이 운영하던 학원의 부원장직을 권유받았다. 일에 대한 재미도 느끼고, 육아도 병행할 수 있어 당시의 인연을 계기로 약 3년 정도 근무를 이어가며 생활의 안정을 찾고, 또 다른 직업을 찾아 공부방을 운영하겠다는

계획을 세웠다.

2018년, 드디어 살던 아파트를 공부방으로 꾸미고 본격적으로 운영하기 시작했다. 공부방은 나름대로 순탄하게 운영됐다. 어느 정도 인지도를 얻어서 원생도 하나둘씩 늘어났다. 공부방의 체계도 안정화되고, 수입도 증가해 욕심도 제법 생겼다. 공부방의 규모가 늘어나자 구도심과 인접한 신도심에 학원을 확장했다.

서투른 확장, 실패하다

S는 구도심에서 운영하던 학원식 공부방을 유지하며 동시에 신도심에 학원을 새로 열었다. 구도심은 S가 맡고, 신도시의 학원은 동업자인 지인에게 맡겼다. 하지만 학원 홍보나 전략도 세우지 않은 상태로 그저 학원의 크기만 확장한 게 화근이 되었다.

사람을 너무 믿은 게 문제였을까? 오픈한 지 얼마 되지 않아 동업하기로 약속한 지인은 몸이 아프다는 이유로 새로운 학원 운영을 돌연 그만두었다. 학원 차량을 담당한 기사도 문제였다. 운행 준비를 하지 못한 상태로 그만두었고, 급하게 사람을 새로 뽑았지만 오래 견디질 못했다. 학원의 원어민 선생님도 채용하고 보니 대화할 때는 언어 구사를 잘하는데, 글자를 쓰지 못하는 경우까지 있었다.

이렇게 학원 선생님, 부모와의 소통, 원생 관리 등 하나씩 삐걱

거리기 시작하더니 기어코 걷잡을 수 없이 문제가 번져갔다. 학원은 그저 수업을 잘하면 된다고 생각했지, 다른 문제는 생각지도 못했다. 또 S는 언변이 부족해서 학원에 상담을 하러 오는 학생을 설득하기는 커녕 10명이 오면 5명도 등록을 시키지 못했다.

시간이 지나며 학원 운영은 점점 어려워졌다. 인지도가 낮은 상태에서 인접한 곳에 대형 학원이 생기며 원생이 조금씩 이탈하기 시작했다. 설상가상으로 코로나19가 닥쳐와 이중고를 겪게 되었고, 어쩔 수 없이 구도심에서 운영하는 학원의 수익으로 적자를 메우는 식으로 버텼다. 그러나 사정은 나아질 기미가 보이지 않고 개선할 수 있는 뾰족한 방법도 없었다. 매월 고정적으로 나가야 하는 월급, 관리비, 보험료는 현재의 수입으로는 감당하기 어려웠다. 결국 학원은 문을 닫았고 모든 사업을 정리했다.

새로운 업을 시작했으나 한계에 도달하다

학원을 운영하면서 건강이 안 좋아졌던 S는 부원장이 소개해준 영양제를 먹으며 건강을 호전시키는 데 집중했는데, 차츰 건강을 되찾고 나니 문득 영양제에 대한 호기심이 생겼다. 해당 영양제는 네트워크 마케팅을 사용해 판매되는 제품이라고 했다. '네트워크 마케팅은 무엇일까?' 그것으로 돈을 벌 수 있다는 상세한 설명을 접하게 되며 구체적인 내용이 궁금해졌다.

궁금증을 해결하기 위해 세미나 장소에 갔지만 언제나 똑같은 얘기만 듣게 되었다. 처음보다는 구체적인 정보를 얻고 시간이 지나면서 이 분야에 도전해 보자는 마음이 생겼지만, 노력할수록 어려웠고 좁은 인맥의 한계에 부딪히고 말았다. 아무래도 포기하고 새로운 길을 찾는 게 좋겠다는 생각이 지배적이었다.

'더 좋은 방법이 없을까?' 이곳저곳을 기웃거린 끝에 비즈니스 코칭을 하는 어느 대표를 만나게 되었다. 그리고 최근 퍼스널 브랜딩에 관한 책을 펴내기도 한 그 대표를 만나며 S는 진정한 사업이 무엇인지 새로 배웠다. 사업가로서 무엇을 준비해야 하는지, 어떤 마음을 먹어야 하는지, 소통과 계약은 어떻게 진행하는지 설명을 듣고 많은 것을 새로 깨닫는 계기가 되었다고 했다.

이렇게 인연이 닿아 독서 모임을 함께하게 되었고, 책이 지닌 가치를 배웠다. 이후 꾸준히 독서 모임을 함께 하며 마음에 안정을 찾고 사업가로서 경영 코칭, 클로징, 소통의 기술을 쌓아 내면을 다져가기 시작했다.

독서를 통해 재기에 도전하다

S는 학원을 접은 후 한동안 좌절에 찬 생활을 이어갔다고 한다. 그러나 이대로 멈출 수는 없었다. 다시 해보려는 마음으로 학원 경영에 실패한 원인과 문제점, 자신이 가진 부족한 능력에 대해

다각적으로 분석에 분석을 거듭했다. 그리고 그 결과 경영 노하우, 리더십, 사람을 관리하는 방법, 마케팅 준비 등이 부족했던 것이 원인이라고 파악했다.

이후 S는 매일 아침 5시 30분에 진행되는 독서 모임을 통해 부족한 부분을 채워갔다. 틈나는 대로 책을 읽으며 심신의 안정을 찾고, 내공을 쌓았다. 새벽 독서 시간에 경청하고 소통하는 요령, 경영자의 마인드 등을 하나씩 배워 익히며 개인의 역량을 키웠다. 이러한 과정이 지속되면서 자연스럽게 '말발'이 늘어나는 것을 몸소 체험했다. 그는 경영은 어떻게 해야 할지 고민하며 학원과 공부방의 장점을 살려 다시 재기를 결심했다.

먼저 현재 거주하는 아파트에서 학원을 시작하기로 했다. 우선 학원 분위기가 나고, 집중이 잘될 수 있는 공간으로 거실을 리모델링했다. 학원의 장점을 살려 수업하는 과정과 결과물을 영상으로 제작해 마케팅 방향을 잡고, 부모님과 자주 만나 교육에 대한 소통을 이어갔다. 더불어 수업 시간에 사용하는 교재를 직접 보여주고, 얼마 정도 하면 아웃풋이 나올 수 있는지 공유하며 신뢰를 쌓는 방식으로 운영을 시작했다.

거기에 더해 공부방의 장점을 접목해 맞춤형 교육이 가능하도록, 한 번에 수업 가능한 인원을 9명 이내로 정했다. 그렇게 학생 개인에게 집중하면서 정성을 담아 교육을 이어가자 점차 부모님과 학생으로부터 신뢰를 얻고 인정받을 수 있었다.

학원 운영을 위해 자신부터 무장하다

만일 학원 운영을 계획하고 있다면 지금부터 나올 이야기를 꼼꼼히 파악해 반드시 구체적으로 준비해야 한다. 현재 학원을 운영하는 사람 대부분은 작은 공부방을 시작으로 학원의 규모를 확장했다고 한다. 그런데 학원을 키워가는 과정에서 막연하게 '잘 가르치면 되겠지!'라는 생각으로 개원하면 크게 넘어지기 쉽다. 모든 사업의 시작을 위해 반드시 준비할 것은, 바로 경영에 필요한 마인드다.

가장 먼저 학원을 운영하려는 궁극적인 목표를 세운다. 그저 돈을 벌기 위해서라거나 '무작정 잘 가르치면 되지!' 하는 생각으로 시작하면 안 된다. 오직 돈만 바라면 금세 본질이 변하고 의욕도 약해진다. 탄탄하게 기반을 닦아놓으면 돈은 저절로 따라 들어오게 되어 있다. 그러므로 경영에 필요한 시스템을 구축해야 한다. 그렇지 않으면 지속할 수 있는 원동력이 떨어지고 주변의 신뢰를 받기 어렵다. 전략을 구상하고, 꼼꼼하게 로드맵을 작성하고, 홍보와 마케팅 방식, 선생님을 채용하는 기준 등도 명확히 해야 한다.

경영마인드를 구축했다면 개원할 장소에 대한 시장 분석도 필요하다. 근처에 있는 학교 및 학생 수, 인접 학원의 장단점 등을 철저히 분석해서 승산 있는 게임을 준비해야 한다. 치밀한 준비가 없으면 사업을 시작하더라도 지속하기 어렵다. 가장 중요한 소통 능력과 리더십도 키워야 한다.

진심이 담긴 소통을 하면서 수업을 진행하고 미흡 분야를 보완해 학원을 운영하기 시작하니, 그제야 소득의 증대로 이어졌다. 적자에서 월 6배 이상으로 보상이 돌아왔다.

S는 이제 학원을 안정적으로 운영하는 중이다. 쓰라린 경험을 통해 무리한 확장을 생각하지 않고, 중요한 것을 우선으로 두는 법을 깨달았다. 여기까지 올 수 있었던 것은 바로 책과 함께한 시간 덕분이라고 믿으며, 지금도 여전히 잘 해나가고 있다.

엔지니어 하다가 건설사 사장이 되었습니다

인생 2막이 어느새 눈앞에

첫 근무지에서 만나 군 생활을 함께 시작했던 A는 나의 동기이자 절친이다. 얼마 전 안부 전화를 하다가 그가 인생의 두 번째 목표를 설계 중이라는 사실을 알게 되었다. 그리고 그와의 통화에서 나는 사고의 전환이 중요하다는 걸 새삼 깨달았다. 그가 두 번째 업을 준비하는 과정이 내게 인상 깊은 울림을 주었기 때문이다.

A도 역시 나와 마찬가지로 진급을 위해 30년 동안 앞만 보고 열심히 달렸다고 했다. 그러다 문득 정신을 차려보니 어느새 60세를 바라보는 나이가 되었다고 했다. 한때는 진급이 좌절되어 실망했던 시절도 있었지만, 세월이 흘러가는 속도가 빠르다는 걸

느끼며 전역을 앞둔 1년 전, 인생의 2막을 어떻게 살아갈 것인지 고민하게 되었다고 한다. A는 지금껏 몸담고 경험했던 건설 현장의 경험을 살려 다음 직업을 선택할 것인지, 아니면 평생 업을 찾기 위해 새로운 일을 배울 것인지, 두 갈래 길 앞에 서게 되었다.

A 정도의 경력을 가지면 주변에서 인정을 받을 수 있는 건설사 감리나 관리직으로 취업할 수 있다. 그런데 건설업계의 경기가 좋지 않아지면서 취업 문이 좁아졌고, 취업을 해도 정년이 결국 60세인 상황에 놓이게 되었다. 재취업을 가정해도 6~7년이 지난 후에는 다시 일자리를 구해야 하는 상황이 뻔히 보였다. 쉽게 갈 수 있는 건설사 취업이 눈에 아른거렸지만 어떤 길을 선택해도 결국 나이가 주는 한계가 있었고, 그렇다면 차라리 공격적으로 창업에 대해 적극적으로 검토해 보기로 했다.

문제는 당장 창업을 하기에는 자금력, 공사 경험, 인원 수급, 경영관리 등에서 한계가 있다는 점이었다. 따라서 우회로를 선택해 협업을 검토했다. 고생길이 뻔히 보였지만 일정 기간 협업을 경험한 후에 문제해결력을 키우고 지분을 확보해서 경영인 자리에 홀로 서겠다고 다짐했다. 계획대로 된다면 나이가 들어 2선으로 물러나더라도 일과 수입이라는 두 마리 토끼를 모두 얻을 수 있다는 결론을 내렸다고 한다.

공격적인 인생을 위한 준비에 박차를 가하다

A는 협업을 고려하며 전역을 6개월 앞두고 준비에 박차를 가했다. 건설업 현장에서 관리한 경험은 있지만 경영, 재무, 회계 관리 등 사무직에 대해서는 문외한이라 미리 준비하지 않으면 어렵겠다고 판단을 했다.

처음에는 다소 생소하고, 이해가 안 되는 문제점도 있었다. 일단 업무를 배울 수 있는 여러 도서를 구매해 책들을 섭렵하는 동시에 시장조사를 하고, 현장 관리의 실무진을 찾아가 질문하고 공부하는 것을 반복하면서 경영 수업에 몰입했다. 그렇게 하나씩 배우며 익숙해져가자, 주변 지인들도 적극적으로 도와주고 아끼지 않고 격려해 줬다.

주변을 둘러보니 같은 처지에 있는 사람들은 안일한 태도로 지금껏 배운 일을 써먹을 방법만 생각하면서 건설사나 관련 직종으로 취업하는 게 대부분이었다. 때로는 주변에서 맥빠지는 소리를 하는 사람도 있었다.

"힘들게 뭐하러 그런 걸 해? 편하게 살지! 힘들지 않아?"

하지만 A는 개의치 않았다. 뚜렷한 목표가 있었기 때문이다. 80세까지 일하며 타인의 도움 없이 스스로 생계를 꾸리는 게 목표였다. 6개월간 정신없이 달리다 보니 어느 정도 경영에 관련된 내용이 눈에 익었다. 경영 공부를 체득하자 협업을 제안하는 기업이 나타났고, 다각도에서 분석해 최종 결정을 내렸다.

쉽지만은 않았던 경영인의 길

A는 회사에 합류해 협업을 결정하며 경영과 영업을 맡게 되었다. 그러나 관리직으로만 근무했던 터라 영업 분야는 그리 익숙하지도, 입맛에 맞지도 않았다. 두 가지 일을 동시에 해내야 할 때, 여러 번 한계에 부딪혔다고 한다.

제안서를 설명하기 위해 처음 기업에 방문하면 문전박대와 비슷한 대접을 받는 경우도 부지기수였다. 간략한 인사 후 자료는 보지도 않고 "그냥 놓고 가세요"라고 말하고 자리를 떠나기 일쑤였다. 그나마 다행히 사회와 단절된 군부대에서 근무했던 것이지만, 동종 분야에서 30여 년의 쌓은 경험과 경력을 인정받게 되었으며 꾸준한 노력의 시간과 진정성을 인정받아 신뢰를 받으면서 차곡차곡 쌓은 결과들이 약 6개월이 지나면서 나타나기 시작했다.

A는 경영인이 된 뒤에 이전 시간을 돌아보며 참 열심히 뛰었다고 스스로 말했다. 처음엔 낯선 곳에 명함만 겨우 전달하거나 간략한 브리핑도 하기 어려웠고, 때론 거절을 당해 씁쓸하게 돌아서야 했다. 사회야 마주하면서 힘겨운 순간도 있었지만 일에서 재미도 찾고, 보람도 느꼈다. 또 그간 해보지 못했던 경험도 새로 하게 된 계기였다. 힘든 과정을 견디며 영업수익도 점차 상승했다. 우여곡절을 지나고, 해를 거듭하며 수익과 지분이 증가하며 만 3년여 만에 ○○건설사 경영인으로 자리를 잡았다.

A는 자신도 군에 첫발을 디뎠을 때 많은 애환과 난관을 겪었다고 했다. 앞을 내다보면서 산다는 것은 시간에 여유가 있어도 그리 녹록지 않았다고 했다. 많은 이들처럼 그저 앞에 놓인 임무를 수행하고, 진급이라는 고지를 점령하기 위해 외길 인생을 살았다고 해도 과언이 아니다. 그러나 한곳에서 꾸준히 일한 경험 덕분에 노하우가 생기고, 다른 사람이 넘볼 수 없는 경지에 서보기도 했다. 버티는 게 쉽진 않았지만 나름대로 보람을 느꼈다.

A에게 비슷한 처지의 동료에게 해주고 싶은 말이 있는지 묻자, 자신과 같이 이직의 문턱에 서 있을 사람에게 꼭 전하고 싶은 말이 있다고 했다.

“인생의 후반을 맞이하는 우리에게 이직은 누구도 피해갈 수 없는 현실이다. 하지만 한 번뿐인 인생 2막을 자신의 꿈으로 채우기 위해서는 멀리 보고, 준비해서, 결정하라고 하고 싶다. 눈앞에 있는 안일함에 현혹되지 말고 자신이 지금껏 배운 능력을 어떻게 재활용할 것인지, 더 나아가 어떤 식으로 새롭게 활용할 것인지 철저한 준비를 했으면 좋겠다.”

A는 덧붙여 한 번뿐인 인생의 후반전, 자기 능력을 발휘하며 롱런할 수 있는 일을 선택하라고 했다. 자신은 자유로를 만들고, 여러 건축물을 감독하고, 신축하고, 새롭게 단장하는 일을 맡아 일했지만, 정작 자기 자신을 돌아보고 다듬는 시간은 갖지 못했

다고 말한다. 경제적인 안목도, 금융에 대한 지식도, 과거부터 함께 축적했다면 어떨까 하는 아쉬움이 남는다고 털어놓았다.

"세상은 녹록지 않다. 그냥 되는 일은 전혀 없다. 내가 정성을 다하고, 노력한 만큼 반드시 결실이 따라온다."

앞으로도 약진하고 승승장구할 A에게 응원의 박수를 힘껏 보내고 싶다.

3장

두 번째 업 찾기
Basic_ 기초체력을 위한 준비

두 번의 이직, 세 번의 선택을 받다

어느 날 갑자기 실업 선고를 받다

2007년 9월 16일, 나는 '당신은 앞으로 5년 후면 실업자가 됩니다' 하는 실업 선고를 받았다. 진급 발표일과 같은 날이었다. 진급하면 앞으로 8년은 더 근무할 수 있다는 실낱같은 희망을 안고 발표를 기다렸지만, 기대와 다르게 명단에 내 이름은 없었다. 기대도 있었지만, 어느 정도 예상했던 터라 실망이 그리 크지는 않았다. 오히려 '아직 근무 기간이 남아 있잖아!' 하는 안일한 생각마저 들었다.

군은 상위계급으로 진급되지 않더라도 해당 계급에서 일정 기간 근무를 보장하는 '계급정년 제도'가 있다. 나는 당시 계급이 소령이었고 만 45세까지 약 5년간 더 근무할 수 있는 기간이 보장되어 있었다. 하지만 시간이 지나며 불안정한 미래에 대한 두려움이 엄습했다. 겨우 네 살인 셋째 아이를 생각하면 최소한 25년은 더 일해야 하는데 걱정이 앞섰다.

진급될 거라는 막연한 희망으로 앞만 보고 달려온 터라 변변한 자격증도 없었다. 20여 년간 근무한 군인, 헬기 조종사, 1,850시간의 비행 경험. 이게 내가 가진 전부였다. 민간항공사나 산림청, 경찰 항공, 소방관으로 취업하려면 두 종류의 자격증이 필요한데, 나는 그 자격증을 취득하기 위한 기본 조건도 채우지 못했다. 엎친 데 덮친 격으로 근무지를 이동해야 하는 상황까지 발생했다.

일이 잘 풀리지 않으려 해서일까? 첫째와 둘째 아이의 학교 졸업 이후에 이사 갈 수 있도록 주거하던 아파트 관계자와 미리 상의하고 근무지로 이동했으나 보장된 기간(소속이 바뀌면 이동 후 2개월간 필수 거주기간 부여)이 끝났다며 퇴거하라는 연락을 받아 황당한 마음으로 군 생활의 마지막, 아홉 번째 이사를 결정했다. 그 때문에 새로운 부임지로 이동하며 어쩔 수 없이 가족과 떨어져 사는 기러기 아빠가 되었다.

내 좌우명은 정직과 신뢰

마음이 급해졌다. 이직이 계획대로 순조롭게 진행된다 하더라도 자격증을 취득하는 데만 약 2년이 필요했다. 다행히 3개월은 소요될 기종 자격을 운 좋게 한 달 만에 취득하고, 이어서 자격 취득에 필요한 교육 이수를 진행해 사회에서 요구하는 두 가지 자격을 취득하는 데 예상보다 1년 앞당겼다.

누군가는 '그럼 근무는 소홀히 한 거 아니야? 자격증 취득에만 열을 올린 거야?'라고 의구심을 가질 수도 있다. 그러나 내 좌우명인 '정직과 신뢰'를 걸고 자신 있게 말할 수 있다. 나는 좌우명을 앞에 두고 진정성을 담아 본분에 충실하게 살았다. 이 좌우명은 부친의 영향과 보증의 실패에서 얻은 교훈에서 만들었다.

일반적인 직장과 마찬가지로 군에서도 전역을 앞둔 사람을 "저 사람 말년이야! 뭐 열심히 하겠어? 내버려 둬!"라고 쓸모없는 사람 취급을 한다. 그러나 나는 절대 그런 말을 듣고 싶지 않았다. 반대로 너무 설치면 주책이라는 소리를 듣게 될 것을 염려해 중도를 지키며 최선을 다해 근무에 임했다.

평상시 업무를 수행할 때 남의 일을 내 일처럼 여겼다. 도움을 줄 때는 확실하게 도왔다. 가족에게는 미안했지만 필요하면 야근도 마다하지 않았다. 사람과의 관계 또한 열두 번이나 근무지를 옮기면서도 모두 한결같이 대했다. 타인을 소중하게 생각하고, 동료나 아랫사람도 인간적으로 대하려고 노력했다. 다른 부대에서 방문하면 따뜻한 식사는 기본이고 불편함이 없도록 최선을 다해 배려했다. 잦은 근무지 이동 때문에 얼굴을 마주할 수 없더라도 연을 맺었던 사람에게는 전화나 문자로 안부를 물으며 관계를 유지했다.

열심히 노력한 결과일까? 수백억 원이 넘는 시설과 장비를 인수하는 업무를 제안받아 수행한 적도 있다. 그 모든 과정을 세세하게 논할 수는 없지만, 진정성을 갖고 성실하게 업무를 수행하는 사람으로 인식되었다는 생각이 들어 다행이었다.

승산은 25퍼센트

근무하다 보니 어느새 남은 시간은 1년 정도밖에 되지 않았다. 업무를 수행하면서도 마음 한쪽에는 이직 자리를 알아봐야 한다는 부담감이 있었다. 그러나 현재의 근무를 소홀히 할 수도 없었다. 수백억 원이 넘는 시설과 장비를 인수해야 하는 시기였기 때문이다. 각종 유혹도 있었지만 현혹되지 않았다.

그러던 중 마침내 이직에 도전할 첫 번째 기회가 찾아왔다. 학생 교육을 담당할 비행교관 모집이었다. 모집인원은 한 명, 응시자는 네 명이었다. 나를 제외한 세 명은 해당 직위에서 이미 비행교관을 하고 있고, 나는 관련 없는 부서에서 근무하고 있었기 때문에 승산이 크지 않았다. 서류심사에서는 당당하게 합격했지만, 반은 포기한 상태로 2차 관문인 연구 강의 발표를 준비했다.

'교관으로 근무한 경험이 있는 사람이 저 정도밖에 안 돼?'라는 말만큼은 듣지 말자는 것에 목표를 두었다. 경험을 토대로 업무를 종료한 밤 8시 이후에 맹연습을 이어갔다. 결과적으로 무수한 노력 끝에 연구 강의와 면접에서 최종 합격의 영광을 얻었다.

'왜 내가 합격했을까? 버젓이 현재 교관 임무를 수행하고 있는 사람이 있었는데?'

기쁘면서도 의구심이 들었다. 그러나 곧 그간 성실하고 진솔하게 생활해온 결과라고 생각하며 스스로 칭찬하는 시간을 가져보기도 했다. 좋은 일은 좋은 일, 그대로 받아들여야 하는 법이라고 생각했다. 취업 후에도 나는 초심 같은 성실함, 좌우명에 따라 변치 않는 자세로 근무에 임했다.

그러나 1년쯤 지나고 같이 근무하던 선배 두 명이 실직당하는 사태가 벌어지는 걸 보게 됐다. 충격이었다. 나의 4년 후를 떠올리며 불안이 엄습해왔지만, 이때에도 나는 좌우명을 되새기며 당장 할 수 있는 일에 최선을 다했다. 내 본분을 잊지 말자. 눈치 보지 말고, 알아주길 기대하지 말고, 바라지 말고. 늘 그렇듯 내 자리를 지키며 성실한 모습으로 근무에 임했다.

기술에도 유효기간이 있다

비행은 눈으로 직접 보아야만 익힐 수 있다. 눈으로 보기 위해서는 간접적으로 체험할 수 있는 동영상 교보재(교육 훈련을 위한 보조

재료)가 필요하다는 것을 깨달았다. 예산은 없지만, 어떻게 하면 교육자료를 만들 수 있을지 고민하다가 직접 만드는 것을 시도했다.

영상 촬영 장비와 편집 프로그램을 배웠다. 직접 영상을 촬영하고 편집해서 10여 편의 동영상을 만들어 교육에 활용했다. 결과는 '대박'이었다. 교육 효과가 입증되고 인접 부서에까지 영상을 제작하는 분위기가 만들어져, 영상 자료에 대한 붐을 일으켰다. 그에 대해 공로를 인정받아 표창도 여러 차례 받았다.

근무 기간 5년을 채우자 계약 기간이 연장되었다. 나는 연장된 5년 동안 비행 절차가 수록된 참고서를 제작하고, 실습을 할 수 있는 항공기 모형 소요제기, 교범 연구, 각종 서적의 오류 등을 개선하면서 근무를 이어갔다. 어느새 다시 5년이 흘렀다. 2022년 5월, 연장심의 대상자 세 명 중에서 한 번 더 선택을 받았다. 이로써 나는 세 번 연속, 비행교관으로 근무 중이다.

그러나 단 1년간 보장이 된 것뿐이기에 또 고민이 된다. 또 도전의 연속이다. 이러한 과정을 거치면서 하게 된 지금의 고민은 앞으로 몇 년이 아니라 언제일지는 모르지만 정년 후의 일이다. 지금은 여태껏 해온 기술이 연결된 곳이고 오랫동안 몸담은 곳이라 어려움은 없다. 하지만 비행 기술직엔 유효기간이 있다. 바로 60세. 길어야 65세. 단, 건강했을 때 얘기다.

100세 시대를 고려해볼 때 나는 최소한 85세까지는 일을 하고 싶다. 아니, 일을 해야 한다. 이를 위해서 책도 읽고 평생 업으로 이어질 수 있는 나만의 기술을 익히기 위해서 준비를 하고 있다.

나만의 특별함을 찾아라

군 생활 23년을 마치고 두 번째 직장을 만났다. 그간 몸담았던 직장이고 1994년에도 비행교관을 했던 경험이 있었던 터라 그리 어렵지는 않았다. 남들이 부러워하는 하늘을 날고, 학생 조종사를 교육하면서 어느덧 10여 년이라는 시간이 또 흐르고 있다. 그간에 그랬듯이 그냥 하던 대로, 본분을 잊지 않고 내가 해야 하는 일을 묵묵히 헤쳐왔다.

2016년에는 입교한 학생 중 수준 미달인 학생의 퇴교 심의가 종종 열렸다. 그때마다 나는 퇴교를 반대해 주위 사람들로부터 지나치게 방어를 해주는 거 아니냐는 오해를 받기도 했다. 하지만 개의치 않았다. 퇴교 심사를 할 때도 그 학생을 생각했다. 비행 수준이 미흡하다고 해서 퇴교만이 능사는 아니라고 생각했기 때문이다. 인생이 걸린 문제이다 보니 비행 수준보다는 인간성을 판단했다.

흔히 '사람은 고쳐 쓰는 것이 아니다'라고 말한다. 그만큼 타고난 인성을 바꾸기는 힘들다는 이야기일 것이다. 단기간에 그릇된 인간성을 바꾸기는 힘들지만, 비행 실력은 얼마든지 바꿀 수 있다. 그래서 퇴교 심사를 할 때도 다각적으로 판단해서 학습 태도와 성실성, 인성이 올바른 학생이라고 결론 내려지면 최선을 다해 구제할 수 있도록 했다. 그 결과 구제된 학생들은 현재 훌륭하게 근무하고 있다.

금전적인 도움을 주기는 힘들어도, 그 외의 일들에서는 늘 최선을 다해 학생들을 지원했다. 무엇을 바라고 하는 게 아니라 내가 해야 하는 기본적인 역할이 학생을 생각하고 그들에게 미래를 준비해 주는 것이라고 생각했기 때문이다. 무엇보다 내겐 '교육'이 우선이었다. 군에 갔다 온 가장이라고 하면 "불비(不備)한 여건 속에서도 열심히 하느라 고생이 많았다"라고들 하는 것을 종종 들어봤을 것이다. 지금도 이런 대사가 여전히 나온다. 하지만 어느 조직이든, 완벽하게 준비하기란 불가능하다. 다만 '불비함'을 최소화하기 위해서 얼마나 개선하느냐가 중요하다고 생각한다. 나는 바로 이 부분에 포커스를 맞추면서 근무하고 있다.

두 번째 업을 찾기 위해 고군분투하면서도 나는 지금까지 해왔던 모습을 잊지 않고 나만의 특별함을 찾기 위해 노력하고 있다. 정직, 신뢰, 성실함 그리고 남이 시키지 않아도 필요한 것을 스스로 찾아서 했던 일. 특별할 게 없어 보여도, 지금까지 해온 이것이 나를 이 자리에 오게 한 원동력이 아니었을까 생각해 본다.

얼마 전까지는 내가 가지고 있는 장점이 무엇인지, 나만의 특별함이 무엇인지도 인지하지 못하고 있었다. 독서 모임을 함께

하면서, 책을 쓰면서 비로소 생각해 보았다. 나만의 특별함은 무엇일까? 내가 잘하는 것은 무엇일까? 아직 그 특별함에 다다르지는 못했지만, 지금은 앞서 얘기한 나만의 장점을 유지하면서 고유한 방식을 찾으려고 노력 중이다. 이것이 평생 업을 찾는 데 밑천이 되고 유효기간이 없는 나만의 기술을 확보하는 길이라 믿기 때문이다.

두 번의 이직, 세 번의 선택으로 성공했듯이 앞으로의 도전도 성공하리라 스스로를 믿는다. 모두가 똑같을 수는 없다. 각자의 개성이 있듯이 나만의 특별함, 장점을 찾아가면서.

경제 IQ를 180도 바꾸어라

실패를 해봐야 배울 수 있다

며칠 전 모르는 번호로부터 전화가 왔다. 하루에도 몇 번씩 부동산, 보험, 대출 전화로도 모자라 때마침 치러지는 선거 홍보 전화까지, 수시로 벨이 울리는 터였다. 벨 소리에 받을까 말까를 고민하다, 혹시 지인이 아닐까 하는 실낱같은 마음을 갖고 통화 버튼을 누르는 순간, 그럼 그렇지! 하고 기분이 상했다. 전화를 받자마자 다짜고짜 부동산에 투자할 생각이 있느냐고 묻는 부동산 투자 전문회사였다.

또 함께 근무했던 한참 고참인 선배님이 이직 후에 ○○만 매립지에 투자하면 큰 이익을 볼 수 있다, 나를 믿고 투자해봐라! 손해는 보지 않을 것이다! 라고 권유하는 전화를 받기도 했다.

마침 주변 지인들도 강원도 정선, 평창, 횡성이나 또 서산, 여주에 투자하면 몇 배 이득을 볼 것이라고 하는 권유에 못 이겨 투자했다가, 이런저런 사유로 얽히고설켜 가슴앓이만 하다가 다 날렸다고 푸념하는 이들도 있었다.

경기도 현리에 근무할 때는 무심코 전화를 받았더니 서산에 대규모 산업단지 개발이 계획되어 있는데 투자를 하라는 기획부동산이었다. 그들은 나의 거절에도 이후 몇 차례씩 거듭 전화를 걸어왔고 내 근무지 근처라고 하면서 다짜고짜 찾아오기도 했다.

투자와 관련된 전화를 받는다면 어떻게 받아들이겠는가? 만일 투자를 권유하는 사람이 지인이라면 거절하기가 쉽지 않지만 그래도 대개는 정중히 거절하는 편이다. 주변에 이런 종류의 전화를 받고 투자했다가 낭패를 본 피해사례를 많이 봤기 때문이다.

그런가 하면 지인한테 보증을 잘못 서서 자금 손해를 본 적도 있다. 1994년경 거액의 보증을 설 때 사람을 믿었음에도 배신으로 돌아오는 좋지 못한 경험을 했다. 그 금액은 1999년 대전의 아파트 한 채 값, 지금 시세로 치면 수억 원에 달한다.

주식 투자를 잘못해서 투자금의 50퍼센트를 날린 적도 있다. 주식에 투자하기 위해서는 해당 기업의 발전 가능성, 경제 상식에 대해서 공부를 해야 했지만, 잘 알지도 못하면서 뛰어든 것이 가장 큰 패착이었다. 또 장기적인 투자로 여유를 갖고 기다려야 하는데도 하루가 멀다하고 가격을 확인하면서 일희일비한 것도 어리석은 일이었다. 지금 생각해 보면 모두 미숙하고 금융에 대한 전반적인 이해가 부족해 저지른 실수였다는 생각에 후회가 된다.

그러나 이런 실패의 경험들 덕분에 지금은 이런저런 투자 권유를 나름대로 걸러낼 수 있는 안목이 생겼고, 또 투자의 기본적인 마인드는 어떠해야 하는지, 경제 관념은 어때야 하는지 정립할 수 있었다. 여러 실패와 좌절을 겪으면서, 실패 없이는 배우지 못한다는 것을 배운 셈이다.

의구심을 갖되 경제적인 결정은 빠르게!

투자 실패로 남다른 실패의 경험을 쌓은 나에게는, 오히려 주저하다가 손해를 본 경험도 있다. 2022년 7월 1일은 세종시가 출범한 지 10년째가 되는 날이다. 나는 세종시가 출범하기 전인 1997년, 세종시 인근에 위치한 ○○비행장에서 근무한 적이 있다. 당시 이 지역은 허허벌판이어서 새 행군을 하면서 훈련을 했던 지역이기도 하다. 세종시가 개청할 때에는 논산에서 근무했던 터라 고향을 가기 위해선 늘 기반시설을 닦고 있는 세종시 중앙을 관통해서 지나야 했다.

2009년 이곳에 처음으로 아파트가 들어서기 시작한 뒤로 하루가 멀다하고 기반시설이 확장되었고, 점차 도시로서 면모를 갖추어가기 시작했다. 하지만 나는 그 지역을 최소 월 2회 이상 지나면서도 '저 많은 아파트에 들어갈 사람이 그렇게 많겠어? 빈 집이 많겠지!' 하고 강 건너 불구경하듯이 무관심했다.

시간이 흐르면서 여기저기에서 "세종시가 앞으로 전망이 있대, 아파트 가격도 많이 오른대" 하는 소리가 들렸다. 그래도 내 귀는 여전히 닫혀 있었다. 하지만 세상 돌아가는 일에 관심 있는 사람들이 한 채를 투자했네, 네 채를 투자했네 하는 소문이 자주 들렸다. 심지어는 바로 옆 사무실 동료도 주말에 가서 마음에 드는 아파트를 골라서 계약했다는 소리를 듣기도 했다.

그로부터 몇 개월이 흐른 뒤, 세종시 호수공원이 좋다는 얘기를 듣고 궁금증에 셋째인 막내를 데리고 놀러 갔다. 말로만 듣던 공원에 들어선 순간 지금까지 보지 못한 풍경이 눈앞에 다가왔다. 아파트 시설, 도서관, 호수, 주변 산책로 등 별천지 세상이 따로 없었다. 그 광경을 목격하고 아내와 '우리도 투자 한번 해볼까?' 하는 막연한 생각을 하면서 집으로 향하는데, 때마침 모델하우스에 불이 밝혀져 있는 모습이 보였다. 구경이나 하고 가자는 마음에 모델하우스로 향했다.

문을 열고 들어가자 분양을 담당하는 직원이 반갑게 맞이해 주었다. 견본주택을 평형별로 둘러본 후 우리는 남은 주택이 있냐고 물었다. 직원은 구매가 가능한 집들이 남아 있다고 했다. 그 순간에도 나는 망설였다. '투자해도 되는 거야?' 하는 의구심이 생겼다. 그러나 바로 옆이 고향이니까 한번 해보자는 마음을 먹고 분양 금액의 10퍼센트를 지불했다. 수년 전에 보증을 잘 못 선 관계로 잔고가 없었지만, 그래도 한번 해보자는 마음으로 선뜻 계약을 추진하고 말았다.

분양 후 5년이 흐른 지금, 그때의 결심이 매우 좋은 결정이었음을 확인할 수 있었다. 그 당시에 비하면 크게 오른 아파트 가격은 물론이고, 지난 문재인 정부 때 폭등했던 아파트값을 생각하면, 당시 내가 세종시 아파트를 사지 않았더라면 얼마나 후회했을까 싶다.

물론 지금도 분양 금액을 갚아나가고 있는 상황이지만, 아파트를 자기 돈 주고 사는 사람은 없는 만큼, 지금의 여건에 만족한다. 다만 만약에 6개월만 빨리 결정을 했어도 흔히 말하는 로열층을 골라잡을 수 있었는데, 하는 아쉬움이 남는다. 만일 내가 경제 IQ가 높았다면 어땠을까? 아마도 남들처럼 내가 원하는 층수를 얻고 한 채 이상을 투자하지 않았을까 하는 생각이 든다.

나를 배신한 코인, 그러나…

2017년, 코인 광풍이 불 때 아는 친구가 투자 권유를 했지만 거절했었다. 하지만 여기저기서 누구는 몇 천을 벌었네! 누구는 몇 억을 벌었네! 하는 소리가 어렵지 않게 들려오자 내 마음도 흔들렸다. 욕심이 생긴 것이다. 코인의 개념을 처음 들었을 때 나는 이것이 다단계 방식으로 수익을 내는 구조라고 생각했다. 또 가상화폐에 대한 인식이 부족한 터라 선뜻 투자할 용기가 나지 않았다.

그러던 어느 날 잘 아는 후배로부터 전화가 왔다.

"선배님! 유망한 코인이 있는데 투자를 한번 해보시겠습니까?"

후배는 내게 코인 투자를 권했다. 당시 후배와는 어느 정도 신뢰가 쌓인 상태였고, 남들이 다 한다고 하니 공부하는 셈 치고 투자를 결심했다. 후배가 알려주는 절차대로 돈을 넣고, 오르기만을 기다렸다. 하지만 이게 웬일인가? 투자하고 얼마 안되어 코인 가격이 오르기는커녕 곤두박질치기 시작했다. '나는 투자와는 어울리지 않는 인간인가?', '송충이처럼 솔잎만 먹고 살아야 하는 인간인가?' 하는 자괴감에 빠지면서 지금은 거의 휴지 조각처럼 변해 있는 코인을 원망만 하고 말았다.

그렇게 원망의 시간만 보내고 있다가 우연히 《4차 산업혁명 지금이 기회다》(박광록 외 8인, 한국경제신문i, 2018), 《메타버스》(김상균, 플랜비디자인, 2020), 《NFT 레볼루션》(성소라 외 2인, 더퀘스트, 2021), 《세븐 테크》(김미경 외 8인, 웅진지식하우스, 2022)를 읽게 되면서 사고를 전환하는 계기를 맞았다. 책을 읽고 가상화폐, 메타버스, NFT 등과 함께 4차 산업에 대한 개념을 정립하게 되었고, 디지털 자산에 대한 가치와 앞으로 다가올 세상에 대해서도 눈을 뜨는 계기가 되었기 때문이다.

25년 동안 군에서만 생활해오다 보니 세상 돌아가는 소식에 둔하고, 경제 관념 역시 경직되고 보수적인 데 머물러 있었던 내가 그나마 이 같은 새로운 세상에 눈을 뜨지 않았다면 세상을 보는 눈은 여전히 초보적인 수준에 머물러 있었을 것이다. 또 좋지 않은 실패의 경험이지만 아마도 이러한 경험이 없었다면 내 경제 IQ는 제자리걸음이었을 것이라고 생각한다.

경제 IQ! 두 번째 업을 위한 필수 요소

옛말에 공무원들이 퇴직해서 세상 밖으로 나오면 쫄딱 망하기 십상이라는 이야기를 자주 들었다. 군인 역시 마찬가지다. 그리고 어쩌면 50대에 은퇴하는 대부분의 베이비부머 세대 역시 마찬가지일 것이다. 안정된 직장생활, 때 되면 봉급이 나오는 생활을 몇십 년 하다 보니 세상의 변화에 민감하지 못한 채 삶을 패턴대로 살아왔기 때문이다.

하지만 두 번째 업을 찾기 위해서는 경제적인 IQ를 높여야 한다. 현재 자신의 사고방식과 삶의 패턴을 180도 전환하기는 힘들어도, 경제 IQ만큼은 180도 전환해야 두 번째 인생, 인생 2막을 성공적으로 열 수 있는 밑거름이 되리라 생각한다.

또 다른 길, 가족과 함께하라

우리 집 남자는 옆집 아저씨인가, 남편인가

어느 날 퇴근길 카풀을 함께 하는 멤버 중 한 여성이 "우리 아저씨는……" 하며 말을 꺼내기에 대화가 끝나갈 때쯤 "아까 그 아저씨가 대체 누구를 말하는 거냐? 혹시 남편을 말하는 것이냐?" 하고 물었다. 그러자 그 동료는 그렇다고 답했다. 나는 그런 얘기가 어디 있느냐! 옆집 아저씨를 얘기하는 줄 알았다고 하면서 함께 웃고 넘어간 적이 있다.

얼마 전 종영된 〈기상청 사람들〉이라는 드라마에도 남자들이 아저씨 취급받는 장면이 나왔다. 등장인물 가운데 40대 기상 예보관이 있었는데, 직업 특성상 지방 근무로 가족과 10여 년을 떨어져 살다가 다시 한집에 모여 살게 되었다. 하지만 따로 지낸

탓에 막상 동거가 시작되자 가족들이 가장을 매우 불편하게 생각했던 것이다. 한집에서 모여 살면서 그 예보관이 자식과 아내와 갈등을 겪는 장면을 볼 때마다 '남자는 저럴 수밖에 없나? 드라마지만 너무하는 거 아냐?'라는 생각도 들었고, 아내와 딸이 거리감을 느끼는 내용이 전개되는 것을 보고 어느 정도 공감이 되기도 했다. 결국 드라마는 어느 정도 시간이 지나고 서로의 문제점을 알아가면서 사이가 좋아지는 해피엔딩으로 종영이 됐다.

이 드라마를 보면서 예전 일이 떠올랐다. 나도 근무지 변경과 주거지 문제가 해결이 안 되어 대전 집으로 이사를 하면서 가족과 따로 1년간 별거 생활을 한 적이 있었다. 별거 후 약 5개월 정도 지난 어느 날, 2주에 한 번 정도 하는 가족 상봉의 순간! 대전 집에 현관문을 열고 들어서자 셋째인 5살 막내 아이가 아내 뒤편에 숨는 모습을 보았다. 그때는 그냥 수줍어서 그러는구나 생각하고 지나갔지만, 아내와 딸들하고 대화하다 보면 왠지 서먹한 분위기도 느껴지고 대화가 단절되는 등 외톨이라는 생각이 들기도 해서 마음이 상하기도 했다.

이런 결과가 나오는 이유는 대화 부족에서 오는 소통의 부재 때문이 아닐까? 또 가부장적인 사고에서 유대감이 아닌 일방향으로 소통 없이 지난 시간이 쌓인 결과라는 생각이 들었다. 방송사별로 방영하는 드라마에는 종종 기러기 아빠가 등장한다. 국내에서 어쩔 수 없이 별거 생활을 하는 가족이야 그렇겠지만 해

외에 사는 가족과 떨어져 사는 가족은 어떨까? 아마도 더 심하지 않을까? 하는 생각이 든다.

때로는 역할을 바꿔보자

나도 예전에는 남자들이 억울하게 왕따를 당하는 것이라고 생각했다. 그리고 여성들이 너무 남자의 고생을 몰라준다고 생각했다. 그래서 〈기상청 사람들〉 이라는 드라마를 볼 때도 예전의 내 생각이 떠올라서 가족들로부터 외면당하는 등장인물의 모습이 남 일 같지 않았다. 나도 예전에는 가족들과 소통을 제대로 할 줄 모르는 사람이었기 때문이다. 그리고 그 원인은 아내의 가사 일을 너무 쉽게 본 데에도 있었다.

2009년, 자녀교육 문제로 인해서 결혼 후 처음으로 별거 아닌 별거를 하게 되었다. 처음에는 혼자 사는 것이 불편하고 내키지 않았지만 어쩔 수 없이 이산가족 신세가 된 것이다. 가족은 대전에서, 나는 경기도 현리에서 근무하게 됐고 주말에 3시간을 이동해서 가족 상봉을 하는 생활을 이어갔다. 또 주말에도 혼자 보내는 시간도 종종 생기게 되었다.

이처럼 혼자 지내는 시간이 점차 길어지면서 생각이 바뀌게 되었다. 아침저녁으로 내가 직접 밥을 하고 손수 청소하고 빨래를 해보니, 아내가 그간 해왔던 집안일이라는 게 얼마나 손이 많이 가면서도 티가 나지 않는 일이었는지 알게 되었던 것이다.

아침저녁으로 내 입으로 들어가는 밥을 내가 차리는 것이 그렇게 성가실 수가 없었다. 그나마 나는 아내가 싸준 반찬을 꺼내어 차려 먹기만 하면 되는데도 그랬다. 청소, 설거지, 빨래, 밥하기 등 매일매일 해야 하는 일이 반복되는 것이 지루하기도 했고 힘들기도 했다. 그제야 비로소 아내가 그간 했던 많은 가사노동에 대해서 다시 생각하게 되었다. 그리고 반복적으로 이루어지고 고되고 힘든 가사일을 많이 나누어야겠다는 생각이 들었고, 미안한 마음도 들었다. 아마도 별거를 하지 않았다면 지금도 아내의 수고와 가사일에 대해 제대로 알지 못했을 것이다.

아내와 소통을 잘하자

여자 말을 잘 들으면 자다가도 떡이 나온다. 아내가 종종 하는 말이다. "왜 남자는 말을 안 들을까?", "참 이상해, 이해할 수 없어"라고 하면서 말이다.

결혼한 해인 1994년의 일이다. 집안 어른이 갑자기 보증을 서달라고 부탁했다. "지금 하는 사업이 아주 잘 되니 걱정하지 마라. 내 반드시 갚겠다!"라 확언하면서 부탁했고, 나는 한 치의 의심도 없이 그렇게 해주기로 약속을 하고 귀가했다.

그 얘기를 듣고 고심을 하던 아내는 정말로 보증을 설 거냐고 물었고, 나는 뒤에 닥쳐올 현실은 생각하지도 못한 채 "당연히 해줘야지"라고 자신 있게 대답했다. 아내는 한 번 서운한 게 낫지, 잘못되면 어떻게 하려고 그러냐며 말렸다.

그러나 며칠 후 나는 아내의 말을 무시하고 약속장소로 가서 당당하게 보증 서류에 도장을 찍었다. 금액은 3천만 원. '이 정도면 얼마 안 되잖아!'라는 철부지 생각을 갖고 당당하게 찍어줬지만, 그로부터 6개월이 지나면서 아내가 걱정한 일들이 현실로 다가왔다. 내가 보증을 선 친척이 대출금과 이자를 갚지 못하게 되면서 보증인인 내가 대신 갚아야 했던 것이다. 이후 나는 3개월마다 친척을 찾아가서 얘기했지만, 그는 알았다는 말만 되풀이하면서 해결해 주지 않았다.

그런 과정이 되풀이되면서 민가에서 전세로 살다 군인 아파트로 가면서 생긴 여윳돈 1,500만 원에까지 손대는 상황이 벌어졌다. 결혼식 때도 부모님께 손은 벌리지 말자고 다짐하고 시작했건만, 마음 졸이고 이제나저제나 하면서 약 4년간을 버티다가 어쩔 수 없이 손을 벌리는 상황까지 다다르게 되었다.

이 고통스러운 과정들을 겪으면서 '돈거래는 함부로 하는 게 아니다. 돈은 앉아서 주고 받을 때는 무릎 꿇고 받는다'라는 말이 맞다는 교훈을 돈 5,500만 원, 당시 대전의 31평 아파트 한 채 값을 날리면서 얻게 되었다. 20여 년 전에 벌어졌던 일이지만, 아내가 "한번 미안한 게 낫지, 잘못되면 어떻게 하려고 그래요"라던 말이 아직까지 귀에 맴돌면서 많은 후회가 남기도 한다. 사람을 너무 믿었던 나의 실수로 발생한 일이지만, 가족 간의 의사소통이 얼마나 중요한 것인가를 생각하게 하는 일이기도 하다.

지금이야 보증제도가 없지만 당시에는 나와 같은 고통을 겪는 사례가 부지기수였다. 현재 서구에서 가장 주목받는 영적 지도자인 바이런 케이티는 저서 《나는 지금 누구를 사랑하는가》(유영일 역, 쌤앤파커스, 2011)에서 이렇게 썼다.

> 연인이나 배우자에게 늘상 하는 잔소리는 모두가 다 당신 자신이 들어야 할 말입니다. (중략) 당신은 배우자를 보고 있다고 생각하겠지만, 궁극적으로는 그에게 비친 당신 자신을 보고 있는 것입니다. 당신의 배우자가 당신을 비추는 거울이라는 사실을 인정하지 못하면, 당신만 괴롭습니다. 당신의 배우자를 보고 있는 것이 아니라, 배우자가 어떤 사람이라는 당신의 '믿음'을 볼 뿐입니다. 그러니 어떤 식으로든 배우자에게 결함이 있다고 생각한다면, 그 결함은 곧 당신 자신의 결함이라고 생각하십시오. 당신의 결함이 배우자에게 비춰 보이는 것일 뿐이기 때문입니다.

바이런 케이티의 책을 읽으면서 나는 당시의 뼈아픈 경험을 다시 한번 더 마음에 새겼다.

가족에게 이직을 알리고 의견을 구해라

이직, 또 다른 길. 어찌 보면 나 자신에게는 또 다른 큰 도전이다. 40~50대인 우리는 두 갈래 길에 있다고 해도 과언이 아니다. 지금 선택하는 방향에 따라 지금보다 나아질 수도 있고 그렇지 못할 수도 있다.

그럴 리야 없겠지만 '가족에게 고민거리를 주지 말자!', '나 혼자서 결정하자!'라고 하면서 이직을 결정한다면 어떻게 될까? 부담을 주지 않고 걱정을 시키지 않겠다는 좋은 의도와는 달리 가족은 실망하게 될 것이고, 나 자신도 에너지나 자신감이 없는 상태로 이어질 것이다. 그러나 가족과 소통하고, 의견을 구하고, 동의를 구한 상태로 결정한다면 자신감도 증가하고 에너지도 받고, 흥이 나고 일이 더 재미있어질 것이라 확신한다.

평소에도 사소한 일로 배우자와 말다툼을 하면 종일 기분이 안 좋은 경험을 누구나 했을 것이다. 명심하라. 나를 밀어주는 응원군은 바로 가족이다. 또 평생 함께할 사람은 바로 아내 또는 남편이다. 반드시 가족하고 상의하고 결정하라.

30대부터 의견을 존중하고 많이 들어주고 함께하고 경청하며 살아왔다면 이런 고민은 하지 않아도 될 것이다. 하지만 주위를 보면 대부분 비슷한 상황이다. 이러한 것들을 타파하려면 지금부터라도 함께하는 시간을 적절하게 가지면서 좋은 관계로 재탄생되도록 해야 할 것이다. 외면 아닌 외면을 하면서 지나온 시간들, 이제부터는 같은 취미를 갖는다거나 여행을 한다거나, 소통을 많이 하거나, 서로 존중을 하는 말투로 바꿔간다면 좀 더 친근한 지원군인 아내와의 관계가 좋아질 것이라 확신을 해본다.

자식을 출가시키고 나면 남는 것은 부부다. 결혼식 때 단골멘트인 "검은 머리가 파 뿌리가 될 때까지 사랑하시겠습니까?"라는 혼인 서약을 한 부부. 오래 살다 보면 의견 충돌로 얼굴을 붉힐 때도 있지만 그래도 사랑하는 가족, 아내. 평생 동반자로서 가능한 한 아내와 상의하고 의견도 존중해 주고 아내의 말을 잘 경청하는 생활 습관을 이어가면서 함께 고민하고 노력하면 더 큰 지혜의 방향을 잡을 수 있을 것이다.

취미는 행복이다

취미는 그 사람을 말해준다

취미는 학교에 다닐 때 생활기록부나 입사지원서, 학적부, 병적기록부 등에 적는 단골 메뉴였다. 지금도 이력서를 작성하다 보면 여지없이 적는 칸이 할당되어 있기도 하다. 왜일까? 아마도 그 사람의 성향을 파악하기 위해서가 아닐까 싶다. 하지만 취미를 가지고 있는 사람은 그리 많지 않다. 이유는 바쁜 일상에서 필요성을 못 느끼거나 취미가 주는 행복을 아직 제대로 몰라서일 것이다.

우리나라에서 주로 하는 취미를 세분화하면 대략 140여 가지로 분류된다고 한다. 그런데도 주변 지인들에게 지금 하는 본업 말고 좋아하는 일이나 취미로 하는 게 따로 있는지 질문해 보면

'YES'라고 답하는 사람이 몇 되지 않는다. 이유를 물어보면 "시간이 없어서", "특별히 할 게 없어서", "그냥 쉬면 되지 무슨 취미야! 나중에 퇴직하고 하지 뭐!"라고 답하는 사람들이 대부분이다. 실은 나도 그랬다. 바로 12년 전 부친이 돌아가시기 전까지는!

하지만 이젠 아니다. 이력서에 기록하거나 누가 직접 물어보면 악기를 연주한다고 자신 있게 답한다. 부친이 돌아가시기 전까지는 특별히 취미를 적을 게 없어서 그냥 등산이라고 적었다. 대학 시절 학교를 그만둘까를 고민하던 시기에 동아리 산악부(입산해서 워킹과 암벽등반을 병행하는 동아리)를 접하고 그 이후 활동을 이어가면서 학교생활에도 흥미를 갖게 되었기 때문이다. 졸업하는 해에는 전국대학 산악연맹에서 주최하는 산악부 등반대회에 출전해서 입상하는 경험도 하면서, 산이 좋아서 등산을 취미로 여기게 됐다.

한때는 세계 최고봉인 에베레스트산 정복을 꿈꿔보기도 했지만 1988년 군에 몸을 담고 필수 과정인 유격훈련을 받을 때 암벽을 오르고, 장거리 행군을 하면서 산을 다닌다거나 에베레스트 정복의 꿈은 사라졌다. 이유는 산악부 활동을 할 때는 국제적으로 인가된 로프를 사용해서 등반을 해왔지만 당시 군에서 훈련할 때는 왠지 믿음이 가지 않는 마닐라 로프에 의존해서 해야 했고, 무더운 8월 한여름 극한 상황에, 200킬로미터 장거리 행군을 하면서 등산에 대한 매력을 완전히 상실하게 되었기 때문이다.

취미는 자유롭고 즐거워야 하는데, 아마도 정해진 시간을 갖고 강행하는 과정에서 흥미를 잃게 된 것 같다. 그렇게 그동안 품고 있던 취미가 사라지게 되었다.

새로운 취미가 삶의 활력소로

군 생활 동안 등산에 흥미를 잃어버리고 나서 한동안 취미에 대해서 생각을 하지 못하다가 새로운 취미로 색소폰을 접하게 되었는데, 연유는 이렇다.

2010년 7월 어느 날 부친께서 갑자기 작고하시고, 얼마간 많은 후회를 하는 시기가 있었다. 좀 더 잘 모실걸, 여행 좀 많이 다닐걸, 자주 찾아뵐걸, 하면서 반성과 후회의 시기를 보냈다. 그러던 와중에 같이 교육을 받던 동료 중에 색소폰 연주자가 있었던 것이다. 어느 날 동료들과 단체식사를 하고 연주를 청하자 기꺼이 두 곡을 선사해줬다. 그 감미로운 소리에 취해서 잠시 넋이 나가기도 했다. 그때 그 여운을 못 잊어, 며칠이 흐른 뒤 연주했던 동료에게 어떻게 하면 배울 수 있는지 물었다. 동료는 상세하게 얘기를 해줬다. 그 이후 저렴한 악기를 구매하고 운지법을 배운 뒤 그때부터 악보를 보고 연습을 했다.

처음에는 악보조차 제대로 못 보아서 큰딸에게 도움을 부탁해 악보 보는 법을 익히기도 했다. 그렇게 해서 배운 색소폰이지만 타고난 리듬감이 부족하다는 것을 깨닫기도 했고, 그만둘까 생각하기도 했다.

하지만 어느새 악기에서 나오는 소리에 매료돼 있었고 어느 봉사단이 봉사활동을 하는 모습을 보면서 동기를 얻어, 포기할 수 없었다. 색소폰 연주는 지금도 여전히 부족함을 느끼지만 봉사단과 함께 봉사활동을 다니면서 나름의 보람을 느끼고 있다.

이렇게 장황하게 취미에 대해서 얘기하는 이유는 취미 활동을 꾸준히 하면 스트레스 퇴치는 물론 그것이 두 번째 업으로 전환될 수도 있기 때문이다. 4차 산업혁명으로 세상이 떠들썩하고 AI에 의해서 일자리도 감소하는 등 많은 변화가 다가오고 있지만 반드시 필요한 것은 '휴먼 에너지'다.

우리나라는 전쟁의 폐허에서 아주 빠른 시간 안에 고도성장을 이룩해 2022년 기준 GDP 세계 10위의 국가로 발돋움했지만 빠른 경제성장이 가져온 폐해도 크다. 급속한 핵가족화와 경제력만 보고 달린 대가는 우리나라에 'OECD 국가 중 자살률 1위'라는 불명예를 안겨주었다. 높은 자살률에는 여러 요인이 있겠지만, 우리가 앞만 보고 달려오느라 미처 돌아보지 못했던 감수성과 공감력 등도 하나의 요인이 될 것이라고 짐작한다.

이렇게 감정이 메말라가는 세상에 '내가 좋아하고, 나를 즐겁게 해주는' 취미는 그 자체로 삶의 활력소가 될 수 있다. 그리고 더 나아가, 꾸준히 취미에 관심을 갖고 공부하게 되면 경험과 기술이 쌓여서 자기만의 브랜드로, 전문가로 성장할 수도 있다. 영상 편집을 좋아하면 꾸준하게 유튜브에 좋은 영상을 올려서 구독자 수를 늘리면 수익으로 연결될 수도 있고, 책을 가까이하고 글쓰기에 흥미를 느낀다면 작가로 변신할 수도 있다.

세계적으로 존경받는 심리학자 웨인 다이어는《모두에게 사랑받을 필요는 없다》(장원철 옮김, 스몰빅라이프, 2020)에서 "행복에 이르는 길은 없다. 지금 걷는 길 자체가 행복이다. 지금 즐기는 자에게만 미래가 열린다"라고 썼다. 취미는 모두에게 '지금 즐기는 순간'을 가져다줄 것이라고 확신한다.

내가 하고 싶은 것을 찾아라

만일 지금 당장 갖고 있는 취미가 없다면 취미를 생각해 보라. 내가 좋아하는 일이 무엇인지, 아니면 예전에 하고 싶었는데 하지 못했거나 사정상 뒤로 미룬 좋아하는 일이 있는지 기억을 더듬어보자. 경연대회나 주변에서 잘한다고 칭찬을 받았던 일들도 좋다. 그것을 찾아라. 빠를수록 좋다. 무엇이든 배우려면 젊어서 배워야 한다. 한 살이라도 젊은 사람이 감각이 뛰어나기 때문이다.

나에게 국한된 얘기지만 한때 40대 초반에 좀 여유가 생기면서 평소 좋아했던 테니스를 1년 넘게 배워보기도 했고, 지금 하고 있는 악기도 40대 후반에야 배움의 기회를 가졌다. 하지만 확실히 진척이 느렸다. 이해도 부족했고 몸도 느렸다. 그렇다 보니 악기 연주는 내가 좋아하기 때문에 지금까지 지속할 수 있다.

상상해 보라. 상상만 해도 좋아하거나 해보고 싶은 일들이 분명히 있을 것이다. 그것이 떠올랐다면 이것저것 생각하지 말고 일단 도전하라. 복잡하게 생각하면 끝이 없다. 지금까지 열심히 달려온 당신은 그럴 만한 자격이 충분히 있다. 지금까지 희생만 해왔지 않은가? 나 자신보다는 가족을 위해서! 조직을 위해서! 직장을 위해서!

여유는 누가 찾아주는 것이 아니다. 내가 나를 스스로를 통제할 수 있는 능력이 있어야 행복을 느낄 수 있다. 또 내가 좋아하는 취미로 다른 사람들에게 재능기부를 하거나 봉사를 할 수도 있고, 계속하다 보면 그것이 두 번째 업으로 이어질 수도 있다. 그리고 자기가 진정 좋아하는 무엇인가를 발견하면 정신이 맑아지고, 자신감을 가질 수 있으며, 뇌를 건강하게 하고 만병의 원인인 스트레스를 퇴치하는 보너스까지 얻을 수 있다. 이와 더불어 사회적 유대감까지 좋아진다. 두 번째 업을 찾는 프로젝트는 취미 찾기에서부터 시작하자.

우리에게 주어진 시간은 10년이다

시간이 많다고 하지만 많은 시간은 아니다

우리에게 주어진 시간이 10년. 아직 많이 남지 않았느냐고? 하지만 현재의 상태를 직시해 보기 바란다. 물론 탄탄하게 직장에서 자리를 잡고 있는 40대라면 무슨 소리냐고 반문할 수도 있다. 어느덧 이 직장에서 나름대로 잔뼈도 굵었는데, 하는 생각도 있겠지만, 나 자신은 점점 더 가치가 떨어지고 있다는 것을 잊고 있는 게 아닐까?

'나는 정년이 보장되어 있어', '이직은 필요 없어!', '연금으로 살아가면 돼!', '쉬어야지! 무슨 소리야!'라고 하는 사람이 대부분이다. 현재는 내가 원하는 위치에 있으니까? 다음에 바라보는 고지가 또 있으니까!

하지만 그것이 함정이다. 누구에게나 정년은 찾아온다. 그렇기 때문에 황금기인 4050세대에게 10년이 중요하다. 나의 가치가 더 떨어지기 전에 이직을 준비할 수 있을 때인 지금 미리 준비해야 한다. 평상시 교육이나 동일 업종으로 이직을 준비하는 기간은 4개월이면 충분하다고 하는데, 여기서 이야기하고자 하는 이직은 흔히 말하는 정년까지를 말하는 것이 아니다. 현재 직장에서 하는 일의 연장선상에서 생각하는 게 아니라, 평생 업으로 가기 위한 이직을 준비하는 기간을 말하는 것이다. 퇴직 후에도 일해야 할 25년, 최소한 85세까지를 생각하자는 것이다.

내가 설 수 있는 자리는 점점 좁아진다

40대는 이직이나 창업을 준비할 수 있지만 50대는 퇴직을 고려할 나이다. 또 노후도 준비해야 한다. 40대에는 자녀가 중고생이지만 50대에는 대학생이 대부분이다. 만일 40대에 초등생이 있거나 50대에 중고등학생 자녀가 있다면 노년은 힘들다.

또 일이 있어야 한다. 직장 걱정 없이 일할 수 있는 고유한 일. 그 일을 준비하려면 필요한 가용시간이 10년이다. 이유는 단 하나! 이 시간이 지나면 준비할 수 있는 시간도 없고, 나의 가치는 더 떨어지기 때문이다. 내가 설 수 있는 자리. 아래에서 치고 올라오는 후배가 있어서 눈치가 보이는 시기. 이 시간을 놓치면 결과는 뻔하다.

이 글을 쓰고 있는 50대 중반의 나도 마찬가지다. 현재 하고 있는 일을 고려하면 65세까지는 어떻게든 할 수 있다. 하지만 그 이후가 문제다. 주변을 둘러보면 70~80세에도 집에서 한가하게 보내는 분들은 없다. 무슨 일이라도 하려고 애를 쓰신다. 하지만 평생 업으로 준비한 것이 없다 보니 소일거리밖에 없다. 노인들을 위한 일자리를 많이 마련한다고 하지만 턱없이 부족한 실정이다. 누구나 고민한다. 어떻게 하면 평생 업을 준비할까?

어느새 꼰대로 전락한 세대

얼마 전 내가 근무하는 직장에서 사소한 문제로 말다툼이 발생했다. 좀 나이든 선배가 후배에게 충고한다는 것이 과격한 말투로 이어진 게 화근이 된 것이다. 서로 화해를 했고 이상이 없는 것으로 알았지만, 화가 풀리지 않았는지 전혀 다른 계통으로 고충을 알리는 일이 있었다. 고충을 알리는데 진실이 호도되어 전달되면서 구세대가 잘못되었다고 오해를 부른 것이다.

그 일을 처리하는 과정을 보면서 '아! 일을 오래 하긴 했구나!' 하는 생각이 들었다. 바로 젊은 세대가 우리를 어느새 꼰대라고 인식한다는 것. '너네는 아니야!', '사고방식이 고리타분해!'라고 보는 것처럼 받아들여졌다. 직장에서 못 버티고 사직서를 내는 것도 이런 일들 때문이 아닐까 싶기도 했다. 표현을 다 할 수는 없지만 본질을 이해하지 못하고 순수히 개인 입장에서만 바라보고 고충을 알렸던 것도 한몫했다.

이 일을 겪으면서 '내가 딱 5년만 젊었어도' 하는 한탄이 나오기도 했다. 지금 생각하는 평생 업의 개념을 정확히 알고 미리 준비했다면 지금 고민하지 않을 텐데 말이다. 하지만 아직 늦지 않았다고 말하고 싶다. 아직 50대 중반이고 준비할 시간이 많이 있기 때문이다. 하지만 지금 준비를 제대로 하지 않고 5년을 보낸다면 또 5년이 지난 뒤에는 다시는 돌아오지 않는 후회의 시간을 보내게 될 것이다.

불투명한 미래를 준비하는 현명한 40대

어느 날 동네에서 작은 음악회를 열었다. 첫 연주를 마치고 중간 휴식시간에 회사원인 40대 초반의 회원과 얘기를 나누었다. 그는 아이들이 게임에 빠져서 고민이 된다고 고충을 털어놓았다. 그래서 나는 '청개구리 해법'을 제안했다.

'청개구리 해법'이란 자기 마음과 달리, 거꾸로 해보라고 지시하는 것이다. 아이가 게임만 하려고 할 때 그냥 지칠 때까지 해보라고 하거나 공부도 하지 말라고 하는 방법이다. 다만 결과는 아이 스스로 책임져야 한다는 사실을 명백히 알려주는 것이다.

나는 그 회원에게 이처럼 때로는 방치 아닌 방치를 하는 것도 아이를 대하는 한 가지 방편이 될 수 있다고 이야기를 해주었다. 덧붙여 많은 대화를 하고 책을 가까이 하도록 하며, 여행을 많이 다녀서 많은 것을 보여주고 꿈을 키우게 도와주라고, 스스로 목적을 찾고 꿈을 찾아갈 수 있도록 해주라고. 이것이 바로 내가 세 아이를 기르면서 얻은 결론이라고 말이다.

대화는 무르익어 노후 준비에 대한 내용으로 화제가 바뀌었다. 그 친구가 고민하고 있는 내용은 이랬다. 10년 후에 이직을 고민 중이다. 정해진 정년은 60세, 현재 직장에서 잘해봐야 팀장 정도까지 승진이 예상된다. 그러다 보면 50대 중반, 정년이 조금 늘어난다 해도 65세. 그 이후를 고민해 봐도 답이 없단다. 그렇고 그런 삶으로 살아갈 것이 뻔하다고 예상되어 지금부터 미래를 구상하고 있단다. 고향에 있는 조그마한 터에 펜션과 캠핑장을 준비해서 운영하려고 말이다.

대화를 이어가며 응원과 격려도 했고, 1인 기업의 필요성과 준비해야 할 내용이 상세하게 기록되어 있는 책《나는 1인 기업가다》(홍순성 지음, 세종서적, 2017)을 권하자 읽어보겠다고 한다. 대화하는 내내 '나는 40대 초반에 왜 이런 트인 생각을 못했을까?' 하는 후회도 들었다.

누구에게나 시간은 공평하다

얼마 전 이직과 관련해서 중소기업을 운영하는 CEO와 통화를 한 적이 있다. 요즘에는 인원을 뽑아놓으면 30~40퍼센트가 1년을 못 견디고 이직을 한다고 한다. 힘들어서, 적성에 안 맞아서, 연봉이 낮아서 등 이유를 대고 퇴사하고, 나머지 인원 중 10~20퍼센트는 3~4년을 버티다가 이직한다고 한다. 최종 남는 인원은 30~40퍼센트 정도인데, 이 인원들은 대부분 정년까지 일하지만 일부 인원들은 40~50대에 이직한다고 한다.

빠른 이직을 하는 이유는 무엇일까? 아마도 자기가 정말 좋아서 하는 일이기보다는 '일단 지원해볼 수 있으니까', '취직을 해야 하니까' 하는 마음으로 입사를 하는 데 있다.

이유야 어떻든 간에 누구에게나 주어진 시간은 동일하다. 동일 업종으로 이직을 한다 해도 준비 기간이 최소 2~3년은 걸린다고 한다. 이 경우에는 좋아하는 일을 찾기보다 연봉을 우선시하는 경우다. 시간이 많다고 생각이 들겠지만 그래야 안전하게 할 수 있다. 준비하는 기간에 실패도 해보고 부딪쳐보아야 배우고 수정을 해나갈 수 있다. 나는 생각을 바꾸는 데만 1년이 넘게 걸렸다. 또 바꾸기 위해서 노력하고 있다.

때론 '그냥 편하게 살까?' 하는 유혹이 다가오기도 한다. 그러나 삶의 최종 목표 중 하나는 '새로운 것을 받아들여야 하는 것'이다. 한 가지 습관만 바꾸려고 해도 66일이 소요된다. 인생 최대의 도전이 될 수 있는 삶의 장을 바꿔야 하는 것이다. 첫 도전을 하는 데도 4수, 5수를 하는 사람도 있다. 이런 이들은 첫 번째 도전에 합격한 사람과 마음이 다르다. 심리가 단단해지고, 인고의 시간만큼 탄탄하게 준비를 할 수 있다. 진정한 이직을 위해서는 최소 10년을 준비한 사람들도 많다.

일본 애니메이션의 거장 미야자키 하야오 감독은 대가로 인정받기 전 셀 수 없이 많은 습작으로 만화의 기본기를 익혔으며 샐러리맨의 신화 윤윤수 휠라 그룹 회장은 회사를 차리기 전 10년 이상 무역 일을 하며 비즈니스 생리를 익혔다고 한다. 세일즈맨으로 출발해 굴지의 기업으로 일궈낸 윤석금 웅진그룹 회장도 10년 가까이 세일즈로 다져진 내공이 든든한 용기가 되었다고 한다.

천재 영화감독 스티븐 스필버그는 10세 무렵부터 카메라를 갖고 놀며 영화를 찍었다. 주식투자의 대가 워런 버핏도 10년을 보유할 주식이 아니면 10분도 소유하지 말라고 했는가 하면, 중국이 낳은 세계적 피아니스트 랑랑은 글보다 음표를 먼저 배웠고 3세 때부터 매일 6~8시간씩 피아노를 쳤다. 1년 365일 2,000시간을 피아노 앞에서 11세가 될 때까지 무려 2만 시간 이상을 피아노에 쏟아부었다고 한다.

보통 악기를 전문가 수준으로 연주하는 데 1만 시간 정도의 연습이 필요하다고 하는데, 여러분은 지금 몇 살인가? 앞으로 내가 쓸 수 있는 시간을 점검해 보기 바란다.

목표를 세우고 조금씩 준비하라

거듭 말하지만 시간은 누구에게나 공평하다. 자신의 분야에서 최고의 자리에 오른 사람을 보면, 적어도 1만 시간의 준비 시간이 필요하다는 것을 알 수 있다. 1만 시간은 하루 3시간, 1주일에 20시간씩 모두 10년을 열심히 훈련하면 채워진다. 하루 6시간씩 투자한다면 5년이 걸린다(이상훈, 《1만 시간의 법칙》, 위즈덤하우스, 2010).

하루에 출퇴근 2시간, 근무시간 8시간, 식사 휴식 2시간, 취침 6시간을 제외하면 약 6시간 정도 준비에 사용할 수 있다. 이렇게 5년을 집중하면 목표를 달성할 수 있다. 하지만 직장에서의 야근, 각종 모임, 취미활동 등을 고려한다면 이보다 시간은 더 줄어들 것이므로 현실적으로 불가능하다. 따라서 시간은 내가 통제할 수 있는 시간으로 산출해야 한다.

여러분만의 가용시간을 고려할 때 반드시 알아야 할 것이 있다. 이직을 하려는 분야가 정말로 내가 좋아서 하는 것인지 반드시 점검해야 한다. '그냥', '어쩔 수 없이!'라는 생각으로 고민하고 있다면 큰 오산이다. 남들의 시선으로 선택의 기준을 삼아서는 절대 안 된다. 자신이 아닌 타인의 기준으로 선택한다면 10년이란 시간을 버티기가 힘들 것이다. 반드시 내가 좋아하는 일인지, 하고 싶은 일인지, 아니면 그냥 급해서 이직을 고민하고 있는지 다시 한번 생각하고 결정해 보기 바란다.

4장

두 번째 업 찾기
Pro_ 깊이 있게 파고들기

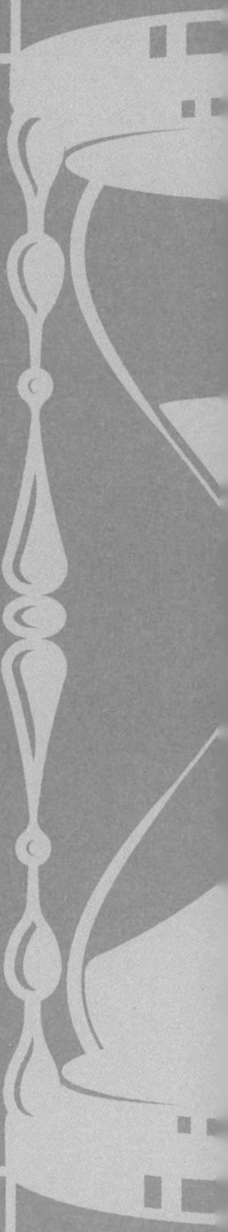

헬스 파워가 생명이다

아파봐야 정신이 든다

요즘 허리와 어깨 통증으로 병원에 다닌다. 허리에 있는 통증은 디스크 증상, 어깨 통증은 석회성 건염이다. 무거운 짐을 들거나 삐끗했다거나 심하게 무리를 가한 일도 없는데 약 1년 전부터 통증이 찾아왔다. 처음에는 괜찮겠지, 하면서 참아왔지만 시간이 지나면서 통증은 더해갔다. 의사의 설명을 듣고 약국에 들러 약을 타고 나오면서 어머니의 약봉지가 생각났다. 나이 들면 병이 찾아오고, 그걸 당연시해야 하는 것인가? 한편으로 서글픈 생각도 들었지만 또 반성도 했다. 젊음이 있을 때 몸을 제대로 관리하지 않았던 게 원인이 아닐까 싶었기 때문이다.

스트레스를 받는다는 이유를 달아 담배와 커피, 때론 회식으로 이어지는 생활이 많았다. 이런 생활이 많았던 지난 시절, 이제 50대 중반인데 이대로 간다면 내가 선택받을 수 있을까? 세월의 흔적에서 오는 통증이라지만 더 심해진다면? 하는 생각이 들자 안 된다고 자문자답을 해보았다. 지금까지는 몸을 혹사시켰지만 앞으로 관리를 잘해야겠다는 생각이 절로 들었다.

통증을 발생시킨 후회의 시간!

대부분 직장인이 그렇겠지만 한참 일에 전념할 때는 피곤한 몸을 이끌고 출근하기 일쑤였다. 아침 7시 20분 출근과 동시에 그날의 업무를 파악하고 티타임과 병행하는 아침 회의에 참석하는 것으로 하루를 시작했다. 회의를 마치고 나오자마자 책상에 앉고 나면 그날 해야 하는 일에 몰입하기 시작한다. 일에 몰입하다 보면 어느새 삼박자 커피가 활짝 웃으면서 바라본다.

또 그렇게 하다 보면 어느새 2~3시간은 훌쩍 지나 점심시간. 지금은 상상할 수 없는 일이지만 예전에는 사무실에서 담배도 피웠고 하루에 커피를 5~6잔씩 마셨다. 휴식은 점심시간에 잠시뿐이고 오후에 수업이 있는 날이면 꼿꼿하게 서서 적게는 2시간, 많게는 6시간을 꼬박 강의해야 했기 때문이다.

그렇게 수업을 하고 나면 다리는 뻐근하고 몸은 천근만근. 수업이 없는 시간에는 전화를 받고 응대하고 처리하다 보면 정작 내가 해야 하는 업무는 야근으로 이어지게 된다. 또 비행교관으로 근무할 때는 아침에 출근과 동시에 그날의 훈련계획을 브리핑하고, 이어서 바로 헬기가 있는 계류장으로 가서 지상 점검을 마치고 훈련을 시작한다. 교관 한 사람이 담당하는 학생은 3명. 중간에 10분 정도 휴식 시간이 있지만, 꼬박 3시간 동안 소음 속에서 비행 요령을 말로 설명하고, 시범을 보이고 공중경계를 하면서 비행한다. 1년 동안 눈비가 오는 날 빼고는 거의 이루어지는 일들이다.

문제는 경직되고 뒤틀리는 자세였다. 헬기가 공중에서 중심이 안 맞으면 몸이 뒤틀린 상태로 교육을 하게 된다. 하루 이틀이라면 그러려니 하지만 거의 매일같이 반복되는 상황에서 몸에 무리가 오는 것은 당연지사다. 그때에야 젊음을 앞세우고 진급에 대한 갈망과 책임감이 있었기에 가능했는지도 모르지만, 하루하루 잘못된 자세와 혹사시킨 몸속에 축적된 데이터가 나이라는 것과 맞물려 이런 결과가 나온 게 아닐까! 운동을 권유할 때 거절하지 말고 나가서 몸도 좀 풀고, 걷기라도 꾸준하게 했다면 어땠을까?

밤이면 찾아왔던 통증

사전에 몸 관리를 했어야 하지만 때는 늦은 듯했다. 계속되는 통증에도 '나이가 들어서 그런 건가?'라고 안이하게만 생각했다. 통증이 찾아오면 가라앉히기 위해서 동네 한의원을 찾았지만 그때뿐! 약국을 돌며 파스도 붙여보고 어느 날은 통증을 견디다 뜨거운 물에 몸을 담그면 좋을 듯해서 사우나를 찾기도 했다. 탕에 들어가자 어깨에서 뭉쳐진 근육이 공 하나 크기로 뭉쳐서 좌우로 꿈틀대는, 난생처음으로 느껴보는 통증. 참아보자 했지만 몸이 풀렸던지 점점 심해져 목욕탕에서 근육 마사지까지 받는 경험을 다 해보았다. 그렇게 치료를 위해 전전긍긍하다가 통증의 학과를 찾은 결과, 원인은 경직된 생활과 운동 부족에서 오는 유연성 부족이었다. 약물치료와 병원에서 알려주는 운동을 꾸준하게 하면서 차츰 통증에서 해방될 수 있었다.

선택받는 몸을 만들어라

미국에서 척추신경 전문의로 활동 중인 조한경 박사는 《환자 혁명》(에디터, 2017)에서 약과 의사에게 의존하지 않고, 스스로 건강의 주권을 회복하는 일의 중요성에 관해 이야기한다.

> 통증의 원인은 염증이다. 염증을 일으키는 원인은 제거하지 않은 채 파스 바르고 침 맞고 마사지에 물리치료 해봤자 소용이 없다. 요통의 90%는 긴장성 근육 경련이 원인이다. 나이 들면 복근이 약해

지고, 허벅지 뒤쪽에 있는 햄스트링 근육이 유연성을 잃는데, 그러면 허리 근육이 혼자서 기립 자세를 유지해야 하기 때문에 무리가 되어 근육 경련을 일으키는 경우가 많다. (중략) 기능의학은 단순히 질환의 증상만 억제하는 의학이 아니다. 문제의 근본 원인과 메커니즘을 찾아 인체 스스로 본연의 치유 능력을 회복하는 생리적 균형을 이루도록 유도하는 의학이다. 현대 의학의 근간을 이루는 '약물 의존적 증상 완화'에 반대되는 개념이다. 현대 의학은 증상이 발견되면 그것을 없애는 약을 처방한다. 이 때문에 약물 복용을 중단하면 증상이 다시 돌아온다.

조 박사는 건강의 주권을 회복하려면 스트레스를 관리하고, 운동을 해야 한다고 강조한다.

첫째, 스트레스 관리를 잘해야 한다. 우리는 눈을 뜨면서 때론 잠을 잘 때도 스트레스를 받고 살아간다. 만병의 근원인 스트레스만 받지 않아도 내 몸은 다시 살아날 수 있다. 주변의 시선, 이야기, 행동들을 보면서 스트레스를 받고 있지 않은가? 그러면 생각을 단순하게 해보자. 내가 신경 써서 해줘야 하거나 해줄 수 있는 일에만 관심을 갖자. 그 밖의 것들은 불필요한 뇌 소모전이다.

둘째, 규칙적인 운동을 하라. 허리, 목, 어깨, 무릎, 손가락 관절염이 생기는 이유는 사소한 잘못이 쌓인 결과다. 몸을 충분히 움직이지 않는 것과 염증을 유발하는 음식을 먹는 것이 잘못이라고 한다. 당신은 하루에 팔을 위로 몇 번을 올리는가! 휴식 시간에 스트레칭을 얼마나 하는가? 하루에, 또는 1주일에 운동은 얼마나 하는가?

'밖에서 하는 일이 얼마나 많은데', '가사 일이 얼마나 많은데 운동이라니!' 하면서 기피하고 있지 않은가? 노동을 운동으로 착각하지 마라. 노동은 노동일 뿐이다. 아침에 일어나서 어깨 돌리기 앞뒤로 20번만 해도 어깨 질병은 예방할 수 있다고 한다. 침대에서 나와 무엇을 하는가? 스스로 진단해 보고 습관을 들여라. 기지개 한 번 펴는 것이 선택받는 몸으로 변화하기 위한 작은 실천이다.

건강은 작은 실천부터

똑똑똑! 오후 4시!(체력단련 시간)가 되면 어김없이 '운동하러 가시죠!' 하고 동료가 문을 열면서 얘기를 하거나 어떤 날은 내가 다른 사무실을 찾아 '운동하러 갑시다!' 하고 문을 두드린다. 또 어떤 날은 복도에서 후배가 "무브 무브" 하면서 운동하러 가자고 아우성이다. 바로 걷기를 함께할 동반자를 찾는 소리다.

이런 소리가 들리거나 시간이 되면 만사를 제쳐놓고 운동복으로 얼른 갈아입고 사무실 밖으로 뛰쳐나간다. 사무실 밖 작은 공터에 나가서 동행할 인원과 간단한 준비운동을 하고 걷기를 시작한다. 코스는 비행장 활주로 주변 울타리를 따라 약 4킬로미터. 시간은 대략 50분 정도가 소요되는 거리다. 이런저런 얘기를 하거나 하루를 돌아보면서 생각에 잠겨 걷다 보면 어느새 사무실 앞에 다다른다.

다리는 약간 뻐근하지만 오전 비행으로 무거웠던 몸과 마음이 한결 가벼워지는 순간이다. '몸이 생명이다'라고 새삼 느끼면서 근력을 키우기 위해 체력단련실로 이동해서 아령을 들거나 팔굽혀펴기, 등배운동을 하고 꺼꾸리 운동으로 마무리를 한다. 당신은 어떠한가? 지금도 고정된 자세로 컴퓨터 앞에서 꾸부정한 자세로 앉아 있는가?

당신은 팔리는 몸인가

누군가 내게 두 번째 업을 찾기 위해서 가장 선행해야 할 것 한 가지를 꼽으라고 묻는다면, 나는 지체하지 않고 '건강'이라고 답한다.

업을 찾기 위해서는 취미도 필요하고, 가족과의 원활한 소통도 필요하며 경제 IQ도, 삶의 방향성도 다 필요하다. 그러나 건강을 잃으면 다 소용없다. 그 어느 것도 건강만큼 중요한 것은 없을 뿐 아니라 건강을 잃는 것만큼 나 자신에게 치명적인 것은 없기 때문이다. '건강을 잃고 나서야 건강의 소중함을 안다'는 말은 20세기에도 21세기에도 변하지 않는다. 더구나 100세 시대, 우리는 더 오래 살고 더 오래 벌어야 한다. 그리고 더 오래 즐겨야 한다.

나는 팔리는 몸, 누군가가 사고 싶은 몸인지 스스로 체크해 보자. 이 모든 것이 준비되었을 때 두 번째 업을 위한 다음 단계로 업그레이드될 수 있을 테니.

미친 듯이 책을 읽어라

책은 꼭 읽어야 하는 것인가

돌이켜보면 학교에서 지정해 주는 교과서 외에는 책을 등한시해왔다. 교과서만 보면 되는 것 아니냐면서 말이다. 그렇게 학창 시절을 보내고, 군 생활도 10년 정도 흘러 중간급 관리자로 근무할 때였다. 이때 부대 내의 진중문고(부대 내 작은 도서관)에서 책 보관상태를 점검하고 있는데, 문득 《배려》라는 책이 눈에 들어왔다.

그 책이 눈에 띈 것에는 아마도 그때 모셨던 대대장님의 영향이 있었던 것 같다. 나는 그분이 부대를 지휘하면서 화를 내시는 것을 보지 못했다. 가능하면 위임하고, 문제점을 해결해 주고, 격려해 주는 식으로 이끌어나가셨다. 그때만 해도 나는 35세로 혈기 왕성한 시절이라 화를 낼 때는 내고, 지적할 때는 지적을 해야 속 시원한데, 하는 생각이 지배적이었다. 하지만 그분의 지휘 스타일을 보면서 많이 배우기도 했다.

또 그분을 보면서 나도 앞으로 군 생활을 저렇게 해야겠다고 다짐하고 롤 모델로 삼으려는 과정에서 그 책이 눈에 띈 것이다. 그 책을 읽고 감명도 받았고, 상대방이 누구든 내가 좀 더 포용력을 길러야겠다는 인사이트를 얻기도 했다. 하지만 그 뒤에도 그다지 책을 가까이 하지는 않았다. 예전처럼 "바빠서, 귀찮아서, 뭐하러 읽어"라는 생각이 지배적이었고 책을 읽어야 하는 필요성을 느끼지 못한 게 원인이 아니었나 싶다.

그렇게 시간이 지나면서 접하게 된 책은 전투 사례라든지 교육을 할 때 필요한 군사 서적이 대부분이었다. 그러던 어느 날, 후배를 만나면서 책을 사는 계기가 찾아왔다.

책을 사서 읽게 된 이유

군사 서적 외에는 접하지 않던 내가 책을 처음 구입하기 시작한 이유는 이렇다. 23년간의 군 생활을 마치고 채용 절차를 거쳐서 군인 신분에서 군무원(민간인 신분으로 군부대에서 종사하는 사람)으로 전환되었다. 그렇게 본연의 임무에 충실하고 있다가, 어느 후배가 권한 네트워크 마케팅을 접하게 되었다. 처음에는 선입견이 있어 거부감이 들었지만, 곧 후배가 설명한 내용이 와 닿았다. 후배의 설명은 이랬다.

'미래는 불투명하다. 평생직장이 없다. 누구도 보장을 해줄 수 없다. 내가 할 수 있을 때 사이드 잡으로 준비를 해둬야 한다!'

그 얘기를 듣고 어느 정도 공감이 되었지만 별 의미 없이 받아들이고 그렇게 시간이 지나갔다. 그러다 후배의 말에 공감이 되는 사건을 경험했다. 내가 군무원으로 임용된 지 1년째가 되던 날이었다. 같은 계약직으로 근무하던 선배가 재채용 절차에서 합격하지 못한 것이었다.

그때까지만 해도 5년 계약 기간이 지나도 특별한 경우를 제외하고는 재채용이 될 것이라고 모두가 확신하고 있었다. 하지만 어떤 연유에서인지 그 선배는 재채용이 되지 않았다. 그 상황이 나에겐 충격으로 다가왔고, 외적으로 표현을 할 수는 없지만 불안한 생각이 들기도 했다. 그런 상황을 지켜보고 나니 공감의 깊이가 남달랐다. 그런 와중에 권유를 받은 네트워크 마케팅이 솔깃하기도 했고 매력을 느끼기도 했다. 누구나 쉽게 할 수 있고 비용도 들지 않으며, 내가 사용하는 제품만 바꾸면 된다니 말이다.

그런데 처음 권유를 받았을 땐 이 정도쯤이야!라고 쉽게 생각했지만 몇 번 참석한 세미나에서 하는 강의를 들으면서 어렵다는 생각이 들었다. 또 현장에 답이 있음에도 동기부여와 사업 설명에만 치중하는 것을 보며, 시간의 삽질을 통해 '이건 아니다'라는 결론을 얻게 되었다. 하지만 그 과정은 한편으로 내가 책을 사고 읽게 되는 계기가 되었다.

삶의 목표를 다시 잡다!

전과 같이 다시 일상을 보냈지만 계약직 근무에서 오는 불안감을 표현할 수도 없고 떨쳐버릴 수도 없었다. 또 내가 지금은 이 일을 하고 있지만, 언젠가는 퇴직을 해야 하기에 두 번째 업을 준비해야 한다는 생각이 늘상 들었다. 어떻게 하면 지금의 일에 지장을 주지 않고 준비할까 고민하다가 지금의 독서 모임을 만나면서부터 본격적으로 독서에 몰입하게 되었다.

독서 모임은 단순히 책만 읽는 것이 아니라 책과 함께 경영 코칭, 세일즈 및 클로징, 리더십 향상에 목표를 두고 있는 모임이다. 일주일에 6회, 매일 새벽 5시 30분에 1시간씩 온라인으로 진행하면서 1년이 넘게 문화를 형성해가고 있다.

처음 독서 모임을 시작하면서 두 가지 질문을 받았다. 어떤 사람이 되고 싶은가? 죽을 때 무엇을 남길 것인가?

첫 번째 질문을 받았을 때는 무엇이라고 대답할지 망설여졌다. 구체적으로 생각해 보지 않았고 그저 막연하게만 생각했기 때문이다. 그렇게 질문을 받고 시간이 지나면서 정립한 것이 봉사와 기부였다. 지금까지의 삶은 나의 가족을 위해서 살아왔지만 퇴직을 하고 나면 봉사와 기부를 하는 삶을 살아가자고 다짐했다. 또 그런 결심을 하면서 이렇게 살아가면 잘 죽지 않을까 하는 해답도 얻었다. 그렇게 목표를 세우자 '나를 점점 더 강한 사람으로 성장시키자!'라는 결론을 얻었다.

새벽 5시 30분에 책을 나누는 일이 쉽지는 않다. 단순히 좋아해서 하는 취미라면 중도에 그만둘 수도 있다. 하지만 독서를 인생에서 내가 해야 하는 사명으로 결정했기에 흔들리지 않는다. 그러자 독서 모임에 참석하고 책을 더 읽어야겠다는 목표가 확고해졌다. 독서 모임의 시간이 쌓이자 책이 친구처럼 느껴졌고 소중함이 더해져갔다. 1년에 책을 한 권도 읽지 않던 내가 하루에 두 권씩 읽을 때도 있다.

이렇게 책을 읽고 독서 모임에 참석을 해서 그날 얻게 된 인사이트를 SNS에 올리면 '웬 독서!', '대단하다', '나도 해보고 싶다'는 반응이 달린다. 반면 부정적인 시각으로 '책 좀 읽었다고 잘난 체하느냐'는 투정 아닌 투정 섞인 소리를 하는 사람도 있다. 하지만 개의치 않는다. 나는 지속해나갈 거니까.

책 속에 길이 있다

나는 책이야말로 최소 금액으로 나를 변화시키고 성장시킬 수 있는 간단한 방법이라고 확신한다. 지식을 얻기 위해 강좌나 학원에 등록하는 것도 수십만 원에서 수백만 원이 소요된다. 하지만 책은 불과 몇백 원에서 몇천 원으로도 구매할 수 있다. 시간의 삽질도 줄일 수 있다. 학원을 이동해야 하는 시간, 사람을 만나는 시간, 경험해야 하는 시간을 반으로 줄일 수 있다.

또한 책은 복잡하고 스트레스를 받는 마음의 갈등을 단순화하고 생각을 정리하게 한다. 말 기술을 향상시킬 수 있다. 나를 스스로 변화시킬 수 있다. 시대의 흐름을 읽을 수 있다. 경영도 배울 수 있다. 이처럼 적은 비용과 시간으로 나를 변화시킬 수 있는 방법이 있는데도 여전히 많은 비용을 들이고 사람들을 만나야 가치가 있다고 생각하는 경향이 있다.

세계적으로 유명한 주식 투자의 대가 워런 버핏, 마이크로소프트의 창업자 빌 게이츠, 테슬라의 일론 머스크. 이들은 천문학적인 갑부임에도 영감을 얻거나 부자가 될 수 있는 방법을 바로 책에서 얻었다고 한다. 모두가 휴가지나 일상생활에서 책을 가까이하는 독서광들이라고 한목소리로 말한다.

하지만 우리가 책을 가까이 하지 않는 이유는 어찌 보면 따분하고 필요성을 느끼지 못해서일 것이다. 만약에 책을 읽고 내가 얻고자 하는 방법, 이유, 매력을 느끼게 되면 난 책하고는 거리가 멀어! 재미가 없어! 시간이 없어! 그 시간에 잠이나 자는 게 낫지 않아! 하는 투정은 하지 않을 것이다. 만일 책을 읽고 나면

상금을 준다거나, 어떠한 기술을 전수해 주거나, 세계적인 갑부들이 당신을 채용해 주겠다고 단서를 달게 된다면 아마도 책을 대하는 태도가 달라지지 않을까? 이는 목적이 부여되었기 때문이다. 그처럼 바로 스스로 필요성을 느껴야 한다. 그렇게 하기 위해서는 삶의 목표도 다시 잡아볼 필요가 있다.

어느새 독서 모임과 함께 책을 가까이한 지가 1년이 넘고 있다. 독서 모임을 하면서 첫 번째로 구매한 책이 《퍼스널 브랜딩에도 공식이 있다》(조연심, 힘찬북스, 2020)이다. 이 책을 시작으로 70권째 읽고 있다.

이 과정에서 삶의 목표와 나의 브랜드가 잡혔다. 경제 IQ 성장, SNS를 해야 하는 이유, 리더로서 갖추어야 할 덕목 등 얻은 것이 이루 말할 수 없지만 무엇보다도 생각을 정리하고 단순화하는 방법을 터득하게 되었다. 처음부터 '무엇을 목표로 해야지, 이게 최선의 방법이야'라고 생각하기보다는 내가 책을 읽어야 하는 이유를 명확히 하고 꾸준히 읽어가면 그 속에서 나를 발견하고 삶의 방향성을 알게 될 것이다.

'책은 노가다처럼 읽어야 한다, 책을 친구처럼 여겨라!'라고 하는 갑부들의 조언처럼, 그냥 읽어야 한다고 생각한다. 나도 처음에는 부정적인 생각이었지만 읽고 나누고 하는 과정을 거치며 이제는 당연하게 생각하고, 틈만 나면 책을 잡는다.

사업은 하면 할수록 어렵게 다가온다. 하지만 책은 삶의 무기이자 내가 마음만 먹으면 행동할 수 있다. 또 읽으면 읽을수록 쉬워지고 받는 에너지도 배가된다. 바로 지금 스스로 자신을 믿고 주변에 있는 아무런 책이나 집어보기 바란다. 소설이 됐든 경영서가 됐든 인문학 서적이 됐든! 바로 그 시작이 변화의 시작이고 여러분을 바꿔줄 것이다.

주변의 사람을 5명만 바꿔라!

군 생활, 노는 물이 바뀌다

나는 오직 하나의 길, 외길만을 걸어온 인생이라고 말할 수 있다. 1988년 전문대학을 졸업하고 군대 문제를 해결하기 위한 기로에서 선택한 직업군인의 길이 벌써 34년째를 맞고 있다. 이 길을 걸어오면서 늘 똑같은 옷, 신발, 머리, 한 방향으로 향하는 똑같은 목표를 세워왔고 그 목표를 달성하기 위해 매일 똑같은 일상, 늘 똑같은 모양을 하고 있는 사람과 함께해 왔다. 군이라는 특성상 늘 변화를 바란다는 것은 어려웠고 '변화'라는 생각조차 할 겨를이 없었다. 아니, 필요를 느끼지 못했다. 어쩌면 하지 않았다 해도 과언이 아니다.

처음 군 생활을 시작할 때만 해도 군에서 지시한 업무 외의 사회 활동을 시도하는 것은 위법에 가까웠다. 그래서 군 생활 중 만나는 변화된 환경이란 고작 새로운 부대로 이동을 하는 경우이거나 퇴근 후에 접하는 동네 분위기, 가끔 휴가에서 만나는 친구들, 여행에서 느끼는 풍경 정도에 그쳤다. 이런 것들을 제외하고는 늘 똑같은 일상, 생각으로 가득해 있었다.

내가 군 생활 중 가장 큰 변화를 맞이한 경험을 꼽으라면 아마 건축을 담당하는 병과(군의 임무를 세분화하기 위해서 구분한 부서의 한 종류)에서 헬기를 운용하는 항공으로 전환한 일일 것이다. 땅을 밟고 서 있다가 하늘을 유영하게 되었으니, 정체된 군 생활에서 나름 노는 물(?)이 바뀐 큰 변화라 할 수 있었다.

늘 똑같은 생활! 변화는 사치?

지금은 세상이 변해 눈만 돌리면 변화하는 세상을 접하기 쉽고, 교통망이 발달해 웬만한 거리는 단숨에 이동할 수 있다. 자차 보유율도 높아져, 대중교통이 닿지 않는 곳도 쉽게 갈 수 있다. 나 역시 통제받으며 살아왔던 20대를 지나 30대 중반을 넘어 자동차를 소유하게 되면서 일정하게 반복되었던 일상에 조금씩 변화를 가져오기 시작했다. 그러나 그것도 한정된 변화였을 뿐, 몸에 밴 생활을 걷어내기는 힘들었다.

일상에 루틴처럼 박힌 습관이 40~50대를 거치면서 그대로 답습되어왔다. 약 2년 전까지만 해도 '그냥 지금까지 살아온 패턴을 유지하다가 퇴직하면 되지', '이 정도 생활만 해도 감사하지, 변화를 바라다니 사치 아닌가'라는 생각이 지배적이었다.

변화의 계기를 맞다

자의든 타의든 사람이 변화하려고 하면 만나는 사람, 사용하고 있는 시간, 사는 장소를 바꿔야 한다는 말이 있다. 나 역시 '변화'를 위해 이를 실천하려 했지만 말처럼 쉽지 않았다. 내가 만나는 사람을 바꾼다는 것은 새로운 사람을 만나야 한다는 의미인데 출근해서 퇴근 시간까지 내 주변엔 나와 똑같은 일을 하는 사람들뿐이기 때문이다.

퇴근해서 늘 만나는 사람 역시 같은 동호회 회원인데, 정년퇴직을 한 지인들이 대부분이라 만나서 나누는 대화라고는 동호회 연습 이야기나 봉사와 관련된 그렇고 그런 얘기들뿐이었다.

사람은 살아가면서 세 부류의 사람들은 알고 있어야 한다고 한다. 법을 다루는 사람, 의료계에 종사하는 사람, 경찰에 종사하는 사람. 처음에는 이 말을 듣고 '무슨 쓸데없는 얘기야!'라고 생각했지만, 살아오면서 여러 일을 겪는 과정에서 그 말에 숨은 의미를 알게 되었다. 나는 앞에 말한 세 분야 모두에 알고 있는 사람이 별로 없었다. 아내가 갑상선암을 선고받자 의료계에 아는 사람이 절실했지만 그냥 정면 돌파로 해결했다. 법조계나 경찰 쪽에는 아는 이들이 있지만 아직까지 필요성을 느끼지 못했다.

그러나 이러한 요건들이 변화의 주체가 되지는 못한다. 물론 관계를 맺는 동안 해당 분야에 대한 지식이나 정보를 공유받을 수는 있지만 변화의 주된 동력으로 작용하는 것은 아니기 때문이다.

이렇게 변화에 대한 필요는 느끼면서도 마땅한 계기를 찾지 못하고 있던 때, 함께 근무했던 후배를 만나면서 지금까지의 고정관념을 바꾸는 첫 번째 계기가 찾아왔다. 후배의 색다른 이야기와 경험을 듣고 처음에는 그것을 부정적인 시각으로 받아들였다. 그러나 차차 내가 처한 현재의 상황과 미래에 다가올 경제적 상황에 대해 점검해 보는 계기가 되었다.

당시 후배가 설명해준 경제 관념은 나를 변화시키는 사건이었다. 현재의 경제 상태, 퇴직 후의 삶, 할 수 있는 일들에 관한 생각들이 완전히 바뀌어버렸다. 현재처럼 일하고, 할 수 있을 때까지 일하다가 퇴직을 하고 소일거리를 하면서 연금으로 지내면 된다는, 안전지대에 멈추어 있던 계획들이 머릿속에서 한순간 사라져버리는 느낌이었다.

두 번째 기회를 만나다

후배로 인해 접하게 된 것은 네트워크 마케팅이었다. 후배의 설명을 듣고 새로운 분야를 배우는 기회를 가져보기도 했지만, 시간이 지나면서 나와 맞지 않는다는 것을 알게 되었다. 송충이는 솔잎을 먹고 살아야지, 지금 하는 일이나 열심히 하면 되지, 하고 안전지대 쪽으로 다시 되돌아오자고 마음먹었지만 한번 생각이 바뀐 이후에는 반드시 무엇이든 준비해야 한다는 생각이 숙제처럼 늘 머릿속을 맴돌았다.

정년까지 갈 수 있을까? 1년 단위로 연장 평가를 받고 계약서를 쓰고 하는 일들이 마음속에 불안감으로 자리했다. 그렇다고 지금의 일을 당장 그만두고 새로운 일을 할 수도 없는 상황이다. 바로 셋째인 고3 수험생이 있어서다. 다른 방법이 없을까 고민하며 정신적으로 배회를 하다가 두 번째 계기를 맞이하게 되었다.

내가 만난 두 번째 사람은 1인 기업가다. 이 기업가를 만나면서 나는 삶의 목표와 방향이 바뀌는 또 다른 전환점을 맞게 되었다.

새로운 사람을 만나자 만나는 사람들이 바뀌었다

2021년 7월 1일은 내가 새벽 독서 모임에 정식으로 합류한 날이다. 이전까지는 몇 개월 전부터 주 1회, 토요일에 한 번씩 온라인으로 독서토론회를 함께 했었다. 꾸준히 참석하면서 책이 주는 힘과 재미를 느끼게 되었고, 또 새롭게 만나는 사람들이 반갑기도 했다. 지금까지 늘 만나오던 부류의 사람들과 전혀 다른 사람들이었다. 1인 기업가로 활동하는 대표, 자영업을 하는 사람, 병원에 근무하는 약사, 학교 선생님, 직장인, 주부 등 다양한 사람을 만나면서 자리를 잡아가는 듯하던 모임은 당시 리더의 올바르지 못한 행동으로 신뢰가 깨지게 되었다.

그 후에 다른 독서 모임을 찾게 되었고, 그렇게 만난 새로운 독서 모임의 리더이자 대표가 지금 내 삶의 목표와 방향을 바꾸게 한 주인공이다. 그를 만나고 대화를 나누면서 나는 비로소 대화의 주제와 패턴, 사고 자체가 바뀌는 경험을 하게 되었다. 경제 관념, 경제 IQ, 경영이 무엇이고 마케팅이 무엇인지에 대해서도 생각하게 되었다. 진정한 리더와 퍼스널 브랜딩의 의미도 알게 되었다.

이러한 과정에서 연결 고리가 이어져 출판사 대표도 만나게 되었고, 그분을 통해 세상의 판이 바뀌는 지식들을 알 수 있게 되었다. 또 앞으로 변화하는 세상, 다가올 미래에서 살아남을 수 있는 방법이 무엇인지도 알게 됐다. 또 국내 굴지 기업의 대표이사를 만나서 창업 과정부터 지금이 있기까지 경영해온 이야기와 실패를 딛고 재기한 과정 등을 청취하는 기회도 얻을 수 있었다. 새로운 사람 한 명을 만났을 뿐인데, 지금까지 만나왔던 사람들이 바뀌는 경험을 하는 중이다.

사람이 바뀌면서 새로운 습관이 생긴다!

우리에게 주어진 시간은 누구에게나 똑같다. 하지만 시간을 어떻게 사용하느냐에 따라서 결과는 180도로 달라진다. 결과물도 달라진다.

앞에서도 이야기했듯 매일 새벽 5시 30분은 독서 모임 시작 시간이자 하루를 여는 시간이다. 예전 같으면 침대를 벗 삼아 꿈나라에 있을 시간이지만 황금 같은 한 시간이 생겨난 것이다. 이 시간은 주어진 책의 한 부분을 주제로 토론하며 진행된다. 매일을 함께하면서 흔히 말하는 세상 물정이란 것에 눈을 뜨게 되었다. 끝나고 나면 그날 받은 인사이트를 카페, 블로그, 인스타에 게재한다. 영상으로 만들어보기도 한다. 그 과정 속에서 머리는 맑아지고 생각은 단순화해졌다. 또 '생존하기 위해서는 무엇을 해야 하는구나!'라는 것이 하나씩 잡혀가고 있다.

새벽에 만나는 사람들도 다양하다. 처음에 함께 시작했던 분들 중에는 견디지 못하고 중간에 탈락한 이들도 있고, 또 새로 합류한 사람도 있다. 지금은 자영업, 물류업, 작가, 1인 기업 대표, 스타트업 대표와 사원들이 함께하고 있다. 1년을 지나면서 후발 주자로 참석해서 함께하는 멤버들의 성장 모습을 보면서 나도 덩달아 성장하는 것을 느낄 수 있다.

바꾼다는 것은 도전이다

"사람이 변하면 때가 된 거래. 그냥 편하게 살아! 무슨 독서야! 뭐하려고!" 지금도 나를 안전지대로 유혹하는 이런 말들을 자주 듣곤 한다. "나이 먹어서 할 수 있는 게 어디 있어. 지금 다니는 직장 열심히 다녀!"라고 말하면서 누구나 편안함을 추구한다. 그러나 말은 그렇게 하면서도 다들 '이직하면 무엇을 하지? 어떻게 해야 하지?' 하고 은근히 걱정을 한다. 때론 돈 좀 많았으면, 로또라도 당첨이 되었으면 하며 허황된 꿈을 꿔본다. 그러면서 변화하는 것은 두려워하고 새로운 시도를 하지 않으려고 한다.

꼭 변하지 않아도 된다. 현재에 안주해도 된다. 다가올 미래에도 현재와 똑같이 유지할 수 있다면, 만족한다면 말이다. 하지만 아닐 것이다. 누구나 나이를 먹는다. 변화를 두려워하면서 시간이 지나간다면 그것이 더 불안전지대로 가는 지름길일 것이다. 변한다는 것이 쉬운 일은 아니다. 끊임없이 실천하고 또 실천해가는 도전이 필요하다.

1년이 넘는 시간을 함께하면서 중간에 좌절하고 싶었던 생각도 있었다. 주변에서 말하듯 '독서가 다 무슨 소용인가?' 하는 생각도 해보았다. 그렇지만 하루하루 데이터가 축적되면서 가치를 알게 되었다. 진정한 삶의 가치가 무엇인지도 배우게 되었고 깨닫게 됐다.

30년이 넘는 틀에 박힌 생활에서 생각을 바꾸는 것도 만만치 않았다. 그러나 이렇게 앞으로도 배우고 함께하려는 이유는 훗날 잘 죽기 위해서다. 나 혼자만의 생이 아니라 '아! 그 사람 주변 사람들에게 도움을 주고 떠났어', '그 사람 때문에 주변에 새로운 삶을 희망을 가진 사람이 많았어', '참 열심히 한 사람이야!'라고 나의 존재를 떠올릴 수 있도록 말이다.

나이는 먹는다. 그러나 나이를 먹었다는 생각은 어떻게 마음 먹느냐에 따라 달렸다. 스스로 생각해서 도전을 멈추면 정말 나이를 먹는 것이다. 나이는 숫자에 불과하다고도 얘기한다. 도전을 하는 사람들이 하는 얘기다. 여러분도 나중에 어떤 모습으로 죽을 것인가, 무엇을 남기고 갈 것인가를 진단해 보기 바란다. 바로 그것이 변화의 시작점이 될 것이고 도전의 시작을 알리는 신호가 될 것이다.

경제 IQ를 높이고 자산 투자를 시작하라

경제 공부의 첫 걸음마를 떼다

스타 펀드매니저로 명성을 얻은 존 리는《존리의 금융문맹 탈출》(베가북스, 2020)에서 "금융 문맹은 마치 질병과도 같아서 그 전염성과 중독성이 강하다. 한 사람의 잘못된 금융 지식과 습관은 본인의 경제 독립을 그르칠 뿐만 아니라, 가족을 가난하게 만들고 후손들의 경제 생활을 어렵게 하며, 사회를 힘들게 하고 궁극적으로는 국가의 경쟁력을 약화시키게 된다"라고 했다.

이 책을 접하기 전까지만 해도 경제 IQ니 금융 문맹이니에 별로 관심이 없었다. 어찌 생각해 보면 돈에 대해서 '그냥 버는 대로 나름 계획해서 낭비나 사치만 안 하고 살면 되는 것 아닌가?'라는 생각으로 일관되게 생활해온 게 사실이다. 하지만 이제 생각이 바뀌었다. 돈이 있어야 사람 구실을 할 수 있고 대접을 받을 수 있음을 나이가 들수록 실감하기 때문이다.

예전만 해도 나는 돈에 대해서 별로 관심이 없는 것처럼 굴었다. 돈이 행복의 가장 기본이 되는 조건이자 생활하는 데 정말 필요한 요소인데도 아닌 것처럼 말하곤 했다.

그런 사고를 갖게 된 것은 지금껏 50년을 넘게 살아오면서 제대로 교육을 받지 못했기 때문이다. 고작 은행 적금 이율이 몇 퍼센트인지, 연금저축에 가입하면 얼마를 받을 수 있는지, 질병이나 운전 중 불의의 사고에 대비해서 준비해야 한다는 정도만 알고 살아왔을 뿐이다. 아무리 과거를 떠올려봐도 그 이상의 교육을 받아본 적이 없다.

은행에 저축하는 것을 제외하고는 주식이나 펀드 투자, 최근에는 가상화폐에 투자를 하면 안 된다는 식의 통제만 있었을 뿐이다. 하지만 다양한 경영서적을 접하면서 투자에 대한 방법, 개념에 대해서 궁금해졌고 관심을 갖게 되었다. 그래서 지금은 TV보다는 경제 관련 유튜브나 책을 가까이한다. 아직도 많은 부분에서 부족하지만 투자에 대한 경제 IQ 그리고 투자가 무엇인지 등에 대해서 배워가고 있다.

투자 전에 철저한 공부부터

투자를 해야 하긴 하는데 무엇을 해야 할지, 어떻게 해야 할지 모르는 경우가 많다. 또 했다고 해도 손해를 보는 경우가 허다하다. 몇 년 전, 아니 최근에도 지인이 어디에 투자를 하면 매월 20퍼센트 이상 수익을 보장해준다는 말에 수천만 원을 투자했다가 낭패를 본 사례를 듣기도 했다. 바로 투자 관념, 지식이 부족해서다.

'그냥 돈을 투자해서 얼마를 벌었대'라는 얘기를 들으면 부럽기도 하다. 투자 실패도 겪어보았지만, 내가 살아오면서 그냥 되는 법은 없었다. 뚝심도 있어야 하고, 공부도 해야 하고, 기다릴 줄도 알아야 한다. 하지만 아무런 준비 없이 누군가 이게 좋다, 저게 좋다고 하면 당장 일확천금을 바라는 마음을 앞세워 투자를 시도해 본다. 투자에 대한 개념도 확신도 없다 보니 항상 불안하다. 조급해진다. 이렇게 반복하다 보면 잔고는 소리 없이 줄어든다. 종국에는 빈털터리가 되는 경우도 있다.

반면 얼마 전 유튜브에서 가상화폐에 전 재산 1억을 투자했다가 277억의 수익을 봤다는 사례를 본 적이 있다. 이 투자자 역시 기다렸다고 한다. 그 자산에 대해서 공부를 하고 확신을 갖고서 말이다. 어느 경제방송에서 가상화폐 전문가인 모대학 교수는 "공부하면 투자, 남 따라서 하면 투기, 돈 꿔서 하면 도박"이라고 결론을 내렸다.

나도 잘 알지 못하면서 2008년에 우리나라 굴지 기업에 주식 투자를 했다가 낭패를 본 적이 있었다. 나름 공부를 하고 투자도 비교적 잘했지만 기다리지를 못했다. 내가 설정한 목표 연도, 즉 언제 필요한지를 정하고 그때까지 기다렸다면 상황은 180도로 달라졌을 것이다. 바로 투자했던 그 기업이 불과 몇 년 후 3배 이상 주가가 오른 적이 있었으니 말이다. 기업에 대한 확신을 갖고 투자를 했다면, 기다렸다면, 아마도 최소한 보증으로 날렸던 금액 이상의 수익이 났을 것이다.

이렇게 아픈 경험이 있었는데도 얼마 후 지인의 말만 듣고 또 투자했다가 지금도 손해에서 벗어나지 못하고 있다. 아마도 지금의 투자 관념이라면 기업에 대해서 공부를 하고 투자를 하고 기다리고 있을 것이다.

투자에 대해서 개념이 안 잡힌다면 유튜브 채널 '삼프로TV_경제의신과함께'에 올라온 영상 '금융문맹, 왜 탈출해야 하는지 이래도 모르시겠습니까?', 클래스e에서 개설한 강의(유료) '탈출! 금융 문맹', JTBC 프로그램 <차이나는 클라스 - 233회 여러분은 경제적으로 살고 있나요>를 꼭 시청해 보길 바란다. 당신의 금융 상식을 업그레이드 시켜줄 것이다.

경제 공부는 반복, 또 반복

돌이켜보면 항상 돈이 문제였다. 어렸을 때도 돈이 없어서 끼니를 대충 때워야 했고, 무엇을 하고 싶어도 돈 앞에서 좌절되고 말았다. 지금은 작고하신 부친께서 해외근로자로 다녀오시면서 가세가 좀 편해졌다. 그래도 늘 돈이 없어서 고민했다. 많은 것들을 할 수가 없었다. 학교를 마치고 군에 입문하면서 나름 경제적으로 자립을 해갔다. 여유가 없는 것은 별반 다르지 않았지만 그래도 차츰 혼자서 문제를 해결해갈 수 있었다.

그렇게 시간이 지나서 자립으로 결혼을 하고 가정을 꾸리면서도 돈이 문제였다. 그럭저럭 아이 셋을 키우면서도 돈이 있었으면 좋겠다는 생각은 가졌지만 크게 필요하다는 생각은 하지 않았다. 그러다가 첫째가 대학 4학년, 둘째가 대학에 입학하는 해를 맞이하면서 이래서 돈이 필요하구나 하는 생각이 절실히 들었다. 결혼 후 얼마 안 되어 잘못된 보증으로 큰돈을 날려, 종잣돈도 없었다. 그럭저럭 1년을 보냈다. 그때 받았던 학자금 대출을 지금도 갚아나가고 있다.

투자에 대한 필요성, 경제 IQ를 높이기 위해 마음먹고 공부를 시작했지만 늘 어떻게 하면 좀 더 효율적으로 돈을 모을 수 있을까가 고민이다. 몇 해 전에는 고향집 옆에 나온 경매 물건에 투자했지만 맹지에 하는 바람에 자식 대에나 가서야 빛을 발할지도 모르는 투자가 되고 말았다. 그래도 기다리면 되는 토지이니 기대를 해보는 상황이다.

지금도 나는 틈틈이 경제 공부에 매진하고 매일 출근길에 경제방송을 통해서 상식을 키워나가고 있다. 요즘은 가상화폐에 대한 공부를 시작했다. 공부하고 많은 정보를 얻은 결과, 앞으로는 투자 가치가 있다는 결론을 얻었다. 그래서 예전과는 달리 그냥 막무가내로 하는 것이 아니라 투자 가치가 있다는 판단하에 투자하고 있다.

아직은 공부하면서 하는 중이라 많은 금액을 투자하지 않고 신중을 기하고, 또 내가 감당할 만한 리스크 한도 내에서 투자한다. 야간 근무를 서고 나면 입금되는 몇만 원, 매월 용돈에서 일부를 투자한다. 없어도 되는 돈은 없지만, 잃어도 리스크가 없을 금액으로 하고 있다. 예전에 잘 알지 못하고 주식에 투자했던 때처럼 조급하게 마음먹는 것이 아니라 목표 연도도 앞으로 5년을 잡고 있다. 처음에는 조급한 마음이 있지만 유망한 종목이라 조급함도 없고 기다리는 여유가 생겨났다.

얼마 전 대중매체에 유명한 강사가 나와 자신의 투자 현황을 들려주었는데, 정작 본인도 강사료를 받을 때마다 10퍼센트를 투자한단다. 불활실한 미래에 대비한다고 하면서 말이다. 무엇에 투자하든 계속 공부하면서 나만의 확신이 들었을 때 돌을 던져야 한다고 얘기하고 싶다.

우리는 투자라고 하면 흔히 주식, 부동산, 펀드, 가상화폐 등을 주로 생각한다. 그것도 맞다. 하지만 공부를 하지 않고 확신이 없는 상태에서 투자하면 낭패를 보기 십상이다. 남의 말만 듣고, 방송이나 저널리스트가 추천해 주는 분야에 투자하면 조바심으로 통제력을 상실한다. 당장의 이익만 보고 투자하기 때문에 수시로 시세를 확인하다가 조급증으로 손해를 보기 딱 좋다.

내가 처음 주식에 투자했을 때 그랬다. 하루하루 시세를 보면서 얼마가 떨어졌네, 얼마가 올랐네 하면서 통제를 하지 못했다. 오를 때에는 기분이 좋지만 떨어지면 금세 실망한다. 바로 경제관념이 없었기 때문이다. 자기 생각에 갇혀 있는 줄도 모르고 말이다. 그러면서도 나 자신에게 투자할 생각은 하지 않는다. 대학원을 마친 게 공부의 끝이라는 잠재의식이 한몫을 한 것도 사실이다.

공부는 운동과도 같다고 한다. 운동은 주기적으로 하지 않으면 안 된다. 꾸준히 해야 한다. 공부도 마찬가지라는 것을 새삼 느낀다. 세상이 수시로 변하기 때문이다. 빠르게 변화하는 시대에 자신에게 투자를 하지 않으면 운동을 게을리했을 때 근육 손실이나 심폐력 부족이 찾아오는 것처럼 뒤처지고 만다.

얼마 전에 경영 수업에 백만 원이 넘는 돈을 지불하고 강의를 들은 적이 있었다. 전에는 생각지도 못한 일이었다. 그 이후 가장

적은 비용으로 나에게 투자를 할 수 있는 책에 투자하고 있다. 책 속에 답이 있다고 하지 않는가? 이제야 그 진리를 느끼고 있다.

내 심리가 단단해지지 않으면 쉽게 흔들리고 만다. 자기 통제력을 갖추지 못해 금세 좌절하기도 한다. 확신도 없어진다. 고난에 부딪혔을 때 회복 탄력성을 키울수도 있다. '책에 투자를 한다고 무슨 효과가 있어?'라고 반문할 수도 있지만, 한번 한 달만이라도 매일 아침시간에 나를 위한 시간에 투자를 해보라. 책과 함께 말이다. 어떤 효과가 있는지 스스로 점검해 보고, 자신을 시험해 보라. 의지와 시간만 투자하면 된다. 바로 스스로를 담대한 사람으로 변화시키고 어떤 바람에도 흔들리지 않을 탄탄한 나로 성장하게 해줄 것이다. 내가 바로 서야 무엇이든 할 수 있다.

아무거나 팔아보라

물건을 판다고? 왜!

지금까지 살아오면서 물건을 사보기는 했지만 판다는 생각은 해보지 않았다. 그저 팔아볼 기회가 없었던 것뿐일 수도 있다. 그런데 가만히 생각해 보니, 내게도 물건을 팔아본 기억이 있다. 예전에 어머니께서 농사 지은 옥수수, 들깻잎, 나물 종류를 들고 시장 가판장에서 판매하셨던 기억이 난다. 그때 가끔 어머니를 도와드린다고 따라나서기도 하고, 지나는 사람이 물건에 대해 물어보면 답도 해주고, 직접 몇 개 정도 팔아본 경험도 있다. 물론 얼떨떨한 기분으로, 철부지로서 했던 경험이었다.

그런데 지금은 물건을 팔아본 경험을 쌓아야 한다고 생각한다. 무엇이든 말이다. 그래야 나 자신을 판단해볼 수 있다. 내가 사용하는 말투, 거절을 당했을 때 취해야 하는 행동, 내가 줄 수 있는 혜택인 서비스, 사후 처리 같은 행동들은 꼭 물건을 사고팔 때만 필요한 내용들이 아니다. 가정에서, 직장에서, 친구 관계에서 등등 우리가 일상에서 사람과의 관계를 유지할 때도 동일하게 필요하다. 직장 상사와의 관계에서 업무를 지시받을 때, 가정에서 대화할 때 언쟁이 벌어졌다든지 친구와 갈등이 있을 때 어떻게 대응해야 하는지를 알 수 있기 때문이다. 무엇보다 시장의 흐름을 읽을 수 있는 현장이기도 하다.

네트워크 마케팅에도 귀를 열다

계약직으로 일을 한 것도 벌써 10년이라는 시간이 흐르고 있다. 남들처럼 정년이 보장된 것이 아니다 보니 불확실한 숲을 보면서 지내왔고, 앞으로도 이런 상태로 지나갈 것이라는 예상이 든다. 그래도 지금까지는 한번 계약이 되면 5년은 보장이 되었다. 하지만 이제는 1년 단위로 평가를 받아야 한다. 이런 경쟁 속에서 살아남아야 하는 것은 비단 나만의 일이 아니다. 40~50대 가장이라면 누구나 가진 고민이다.

앞에서도 언급한 적 있는, 네트워크 마케팅을 하는 후배를 만났을 때의 일이다. 군 생활을 잘 해나가던 후배가 갑자기 군 생활을 접고 이직을 한다고 알려왔다. 다소 놀랍기도 하고 황당하기도 해서 급히 만날 약속을 잡았다. 후배는 나에게 사실 2년 전에 네트워크 마케팅 사업을 시작해서 꾸려왔는데, 그 사업이 잘 되어 전역을 결심하게 됐다고 했다.

당시 나는 네트워크 마케팅을 말로만 들었고, 잘 모르면서 부정적인 선입견을 갖고 있었다. 첫 만남 이후 몇 번을 더 만나면서 퇴직 후에 누구나 쉽게 할 수 있고 경제적인 자유를 얻을 수 있으며, 잠자는 시간에도 돈이 벌리게 할 수 있다는 설명에, 해봐야겠다는 결심을 하기까지 6개월이라는 시간이 소요됐다. '그래, 이것도 경험인데 한번 배워보자' 하고 이후 후배가 안내하는 대로 교육도 받고 회의에도 참여하면서 견문을 넓혀갔다. 막연한 자신감만 갖고 가르쳐주는 대로 시행해 보기도 했다. 친구, 동기, 친지, 지인들에게 소개하면서 함께 자리도 해보았다. 때론 혼자서 권유해 보기도 했다.

그런데 매번 실패였다. 얘기를 들었을 때는 쉽게 된다고 했는데? 하지만 시간이 지나면서 벽에 부딪히는 사례가 많았고, 거절의 연속이었다. 그렇다고 적극적으로 할 수 있는 상황도 아니었고 해결책을 물어봐도 매번 동일한 방식으로 설명만 되풀이했다. 결국 이건 아니구나 하는 결론에 다다랐다. 방법은 따로 있는데 말이다.

온라인 중고거래를 해보다!

물건을 판매할 때는 직접 현장에서 사람과 만나면서 해야 실제로 체감해볼 수 있다. 수많은 사람과 대화도 해보고 애환도 들어보고. 하지만 직업상의 이유로 그렇게 할 수 없는 게 나의 현실이다. 그래서 어떻게 하면 간접 경험을 해볼 수 있을지가 고민 중의 한 가지다. 그래서 온라인 중고거래를 해보기로 했다. 하지만 막상 거래를 할 제품을 가지고 있지 않았다. 그러던 어느 날 아내가 막내가 사용하던 책들을 정리해서 재활용으로 배출한다고 내놨다.

'이걸 팔아볼 수 있을까?' 의구심을 갖고 주로 사용하는 온라인 중고거래 사이트에 등록하고자 바코드를 찍기 시작했다. 그러나 판매를 할 수 있는 물건은 한 권도 없었다. 그래서 집에 있는 책꽂이를 뒤져 불필요하지만 팔 수 있는 책 8권을 찾아냈다. 중고사이트에 올려 바코드를 찍어본 금액이 5,500원. 수수료를 제하면 더 적은 돈이었지만 이것이 첫 중고거래의 결과물이었다.

또 무엇이 없을까 찾던 중 그다음 타깃인 색소폰 유선마이크가 눈에 들어왔다. 이것은 당근마켓에 올려보기로 했다. 중고거래 가격을 검색해서 시중가 대비 50퍼센트인 55,000원으로 가격을 정해 올려봤다. 하지만 시간이 지나도 구매자가 나타나지 않았다. '왜 안 팔리지?' 하고 의구심을 갖고 가격을 1만 원 내린 45,000원으로 다시 올리자 얼마 후 구매자와 연결되어 근무지와 인접한 시내에서 거래할 수 있었다. 현재는 온라인 중고서적 사이트와 당근마켓에 3종류의 책을 올려놓은 상태다. 1차로 내놓은 가격에는 구매자가 없어 2차로 재조정해 놓은 상태로 구매자와 저울질을 하는 중이다.

책 판매에 도전하다!

그다음 도전 품목은 신간 서적 판매였다. '아니, 신간을 왜 팔지?' 의아해하는 사람이 있을 것이다. '인터넷에서 사면 되는 거 아냐?'라고 반문할 수도 있다. 요지는 이렇다. 같은 커뮤니티에 있는 저자 한 분이 책을 출간하게 됐다. 축하의 분위기도 있었지만 어떻게 하면 도와줄 수 있을까 고민하다가 지인에게 책을 소개하고 판매해 보자는 생각을 했다. 그렇게 마음먹을 수 있던 건 이 책의 내용이 누구나 한 번쯤 읽어볼 만하다는 판단이 들었기 때문이다.

전화를 걸기 시작했다. 물론 업무시간을 피해 쉬는 시간이나 퇴근길, 혹은 퇴근 이후 시간을 활용했다. 편안한 사람 위주로 전화를 거는 대상을 선정하고 시도했다. 한편으로는 불편해하는 것 아닐지, 잘 들어줄지 염려가 되기도 했다.

버튼을 누르고 안부를 물은 다음 내가 대뜸 던진 말은 "나를 위해 책 한 권 사줘!"였다. 나도 무슨 용기였는지 모르게 나온 말이다. 대부분 반응은 이랬다. "무슨 책? 혹시 비싼 것 아냐?" 그러나 나는 꿋꿋하게 "가격은 이 정도야. 사줄 수 있지?"라고 바로 요청했다. 그러자 지인 대부분이 "그래, 네가 하는 얘기인데" 하면서 흔쾌히 구매해 주었다.

신간 판매는 이렇게 지인 찬스를 이용했기에 비교적 수월했다. 나를 아는 사람들이기에 '묻지도, 따지지도' 않고 선뜻 지갑을 열어준 것이다. 나의 '아무거나 팔아보기' 도전은 이렇게 계속 진행되는 중이다.

클로징 기술에 도전!

직장생활을 하든, 사업을 하든, 판매를 하든, 모두 사람과 관계가 있는 일들이다. 따라서 사람하고 관계가 형성이 잘될 때 모든 일이 성사되고 추진될 수 있다. 그렇다면 새로운 사람과는 어떻게 관계를 형성할까? 보통은 아는 사람이나 친구를 통해서 소개를 받으면서 새로운 사람을 알게 된다. 그러나 사업이나 세일즈 현장에서는 새로운 고객을 창출해야 하는데, 그때 할 수 있는 새로운 방법 중 하나가, 전혀 모르는 상호에 전화를 걸어서 미팅을 잡고 찾아가서 설명하는 '클로징 기술'이다.

내가 참여하는 비즈니스 커뮤니티에서 처음 '클로징' 과제를 받고 이 기술에 도전해 보기로 했다. 처음 과제를 받고 망설이다가 전화도 걸어보고 직접 찾아가서 미팅도 경험해봤다. 여러 가지 제한사항으로 지속할 순 없었지만, 새로운 도전을 하면서 클로징 기술에 대한 색다른 체험을 해보는 좋은 기회가 되었다.

무엇이든 팔아봐야 하는 이유

그리 많은 경험을 하지는 못했어도 무엇이든 팔기 위해 도전했던 것은 나와 지인이나 고객과의 신뢰가 얼마나 중요한지 느끼기에 충분한 시간이었다. 아는 사람한테 부탁하면 다 들어줄 것 같았지만 그렇지 않다는 배움도 얻을 수 있었다. 또 나의 '찐팬'이 누구인지도 알 수 있는 계기가 되었다.

중고거래를 할 때는 내 욕심만 차리는 게 아니라 어느 정도는 기부한다는 개념을 갖고 해야 쉽게 거래가 된다는 것도 인식할 수 있었다. 또 중고거래 사이트에 가입하고, 거래하는 절차도 알 수 있는 계기가 되었다. 세일즈를 하려면 먼저 물건을 팔기 전에 나라는 사람이 어떻게 포장이 되어야 하는지, 무엇이 중요한지도 깨닫는 경험을 쌓을 수 있었다.

누군가한테 물건을 판다는 것은 쉽지 않은 일이다. 그냥 내가 가지고 있는 것을 나누어주려고 해도 거절하는 세상인데, 생판 모르는 사람한테 세일즈를 한다는 것은 더욱더 쉬운 일이 아니다. 하지만 '아니다'라는 생각에 앞서 거부반응부터 내세운다면 내가 계획하고 있는 이직은 문 앞에서 좌절되지 않을까? 이직은 내가 얼마나 확신을 갖고 어떤 마음을 갖고 시작을 하느냐에 따라서 큰 변수로 다가올 것이기 때문이다.

두 번째 업을 찾고, 그 업이 과연 나에게 적합한지 알 수 있는 묘책은 없다. 그저 많이 경험하고 시도해 보는 것, 어려운 과업에 도전해서 부딪쳐보는 것이 생존하는 지름길로 나를 안내해 주리라 생각한다.

나만의 퍼스널 브랜드를 만들라

퍼스널 브랜드란 무엇일까

남들과 같이 평이하게 살아온 나에게 '퍼스널 브랜드'란 단어는 생소하게만 들려왔다. 아예 생각해 본 적이 없다고 표현하는 게 맞을 수도 있다. 그냥 단순하게 '상표 아냐?'라고만 생각했지 구체적으로 생각해 본 적은 없는 게 사실이다. 그러던 어느 날 독서 모임이 시작되고 얼마 지나지 않아서 '퍼스널 브랜드' 즉, 나를 대표로 하는 브랜드를 만들어보라는 숙제를 받았다.

숙제를 받고 고민이 됐다. 우선 브랜드가 무엇인지부터 답이 내려지지 않아 망설여졌다. '나를 찾을 수 있는, 나를 생각하게 하는, "나" 하면 떠오르는'이라고만 막연하게 결론을 얻었지만 쉽사리 떠오르지 않았다. 별명이라도 있었으면 하는 바람도 있었지만, 그것도 없었다.

고민해 보면서 단순히 주어진 숙제만 가지고도 이렇게 고민이 되는데 굴지의 기업 브랜드를 만들 때는 얼마나 많은 고민을 했을까? 쉽지 않았겠구나 하는 생각마저 들었다. 나를 생각하면 떠오르는 색깔도 물어보고, 무엇으로 해야 맞을까 고민을 거듭하다가 '색소폰과 함께 건강한 소식을 전하는 남자'를 줄여 '색소남'으로 결정했다.

처음으로 나만의 브랜드를 결정하다!

저마다의 브랜드를 설명하는 날이 다가왔다. 개인마다 브랜드를 정한 이유와 배경을 설명하는 시간을 갖게 되었다. 나에게도 설명할 시간이 주어져 준비한 내용을 설명을 이어갔고, 나름 만족스러웠다. 난생처음 브랜드를 정해보고 사용해 보는 시간이었다.

다음 날부터 바로 '색소남'으로 불리기 시작했는데, 처음에는 낯설게 다가왔다. 지금 나이에 누군가 내 이름을 불러주면 기분은 좋지만 뭔가 낯선 느낌, 그것이었다. 하지만 시간이 지나면서 편해지고 익숙해졌다. 독서 모임과 유튜브 영상을 찍을 때 사용하면서 의미도 각인이 되었고, 삶의 목표가 늘 머릿속에 떠오르는 효과도 있었다.

그렇지만 시간이 지나면서 왠지 어색하다는 생각이 들었다.

색소폰 연주 수준도 그렇고 의미도 그렇고. 그렇게 사용하다가 '박스조'라고도 사용해봤다. 봉사와 기부의 선물상자를 의미하는 선물상자에 내 성의 첫 글자 '조'를 합쳐서 만들어보았다. 그런 다음 두 가지를 혼용해서 써보았다. 하지만 반응은 별로였다. 늘 마음 한쪽에서는 무엇이 좋을까 하는 생각이 숙제처럼 맴돌았다.

얼마 지나서 다시 숙제가 주어졌다. '저마다의 특색을 살려서 브랜드를 다시 정해보기'였다. 또 저마다의 고민에 싸였다. 서로가 정한 브랜드의 느낌을 솔직하게 얘기해 주는 시간을 가지면서 수정에 수정을 거듭했고, 그런 과정을 거쳐 '파일럿 조(Pilot Jo)'로 최종 결정을 내렸다.

브랜드란 '누군가가 눈과 귀로 단숨에 알아보는 나만의 특별함'이다. '그 사람' 하면 바로 그 브랜드가 생각나도록 반응이 뒤따라야 하는데, 이전의 브랜드명은 독서 모임 회원들에게조차도 반응이 미미했다. 그래서 나만의 색깔이 무엇일까 고민에 고민을 거듭한 끝에, 지금 현재 하는 직업인 헬리콥터 조종사를 생각해냈다. 30년 넘게 해온 길! 지나온 과거를 생각하고 현재 하는 일의 특성을 살려 '파일럿 조'로 선정하자 드디어 반응이 일어났다. 현재 나는 독서 모임 커뮤니티에서 내 이름보다 '파일럿 조'로 통한다.

나만의 강점을 찾자!

이처럼 브랜드는 그냥 나오는 것이 아니다. 자신만이 지닌 색깔과 장점을 찾아내고, 시장의 반응도 살펴봐야 한다. 누구나 강점은 다 있으니 말이다.

시대는 변하고 있다. 그것도 아주 빠르게! 지금까지는 잘나고 뛰어난 사람이 성공했지만 이제는 특정한 누군가가 성공한다는 공식이 없어졌다. 즉, 성공하는 사람이 한정되어 있지 않다는 이야기다. 끝까지 생존하는 사람이 승리자다. 평범한 사람도 성공하고 생존할 수 있다.

끝까지 생존할 수 있는 수단의 첫 번째가 나만의 브랜드이고, 나를 인식하도록 꾸준하게 데이터를 구축하는 것도 한 가지 방법이 될 수 있다. 4050세대가 될 때까지 지내오면 누구나 강점을 지니게 마련이다. 모진 시간을 버텨내오면서 나만의 특색이 있을 수도 있고, 장기나 특별함도 있을 것이다. 다만 그러한 부분에 대해서 생각을 해보지 않았기 때문에 모르고 지나왔을 뿐이다.

그렇다고 해서 엄청난 특별함을 말하는 것은 아니다. 그럼에도 나만의 특색은 시장에 통할 수 있다. 오히려 순수함을 포장하거나 꾸미려고 하면 퇴색하고 만다. 순수함이 묻어 있는 스토리가 오히려 경쟁력이 있다. 나도 지금까지 브랜드를 생각할 기회가 없었다. 하지만 '파일럿 조'라는 브랜드를 만들기 위해서 지속적으로 데이터를 구축하고 있다. 또 그 과정에서 나만의 강점을 만들어가고 있다.

나만의 데이터를 축적하라!

브랜드를 만들었다고 끝이 아니다. 방송 광고나 유튜브, SNS에 한 번 나왔다고 사람들 인식에 각인되지는 않는다. 나를 각인시키려면 반복되는 인식의 과정을 통해야 한다. 따라서 자신을 타인에게 각인시킬 방법을 찾아야 한다.

좋아하는 유튜버나 인스타그램의 파워 인플루언서 등을 보면 그들이 얼마나 많은 활동을 활발히 하는지 볼 수 있을 것이다. 그들은 한 번에 그치지 않고 다양하게 자신이 정한 분야를 계속 올려서 노출되도록 한다. 사람들은 그렇게 반복되는 노출을 보고 자신이 좋아하는 부분에 '좋아요'를 클릭한다. SNS에서 영향력을 얻어가는 과정은 바로 이런 반복적이고 꾸준한 활동을 통해야 가능하다.

나도 유튜브를 처음 찍던 날이 기억난다. 비록 공개할 수 없지만 유튜브 영상을 찍는 과제가 있었기 때문이다. 이전까지는 내가 좋아하는 가요나 경제 관련 영상들을 클릭하고 즐기기만 했지, 직접 찍는다는 생각은 하지 않았기에, 막상 찍어서 올리려고 하니까 난관에 부딪혔다.

'내가 할 수 있겠어?' 하는 의구심도 들었지만, 유튜브를 보면서 영상을 찍고 올리는 방법을 배우고, 서툴지만 하나하나 찍어갔다. 처음 촬영할 때는 솔직히 카메라를 응시하지도 못했지만, 횟수가 증가하면서 자신감도 생기고 좀 더 좋은 영상을 찍기 위해서 휴대용 삼각대와 마이크도 구매하는 등 재미도 붙었다. 촬영 당시 공유하고 싶은 생각, 독서 모임에서 얻은 인사이트를 후기 형식으로 촬영했던 것이 벌써 500여 편의 영상으로 저장되어 있고, 이제는 카메라를 바라보는 시선도, 촬영이나 편집도 능숙하게 하고 있다.

이렇게 시간이 지나면서 유튜브 영상에 추가해서 블로그도 만들고 MZ세대들이 자기들만의 끼를 표출하는 공간인 인스타그램에도 꾸준하게 글과 영상을 올리고 있다.

무엇을 줄 수 있을까에 포커스를 맞춰라!

나는 나만의 브랜드를 만들고 유튜브, 인스타그램, 블로그에 매일매일 꾸준하게 글을 올리면서 데이터를 축적해가고 있다. 또 책도 꾸준히 읽으면서 SNS에 무엇을 올려야 하는지 방향을 잡아가고 있다. 지금까지는 독서 모임에서 얻은 인사이트와 일상들을 올려왔다. 하지만 무엇인가 부족하다는 생각이 들었다. 그냥 올리는 것도 중요하지만 좀 더 의미 있고, 보는 이들이 유익하다는 생각이 들도록 해야겠다는 또다른 생각이 찾아왔다.

내 영상을 보는 이들에게 무엇을 줄 수 있을까를 고민하다가 우선은 내가 지금까지 해온 비행 경험을 전달하면 어떨까 생각했다. 그래서 나만의 사례를 쉽게 풀어서 글과 영상을 만들어보기로 했다. 또 그간 면접관으로서 했던 경험과 새로운 직장을 얻기 위해 면접을 고민하는 이들에게 코칭했던 것이 생각났다.

하지만 특별히 데이터를 축적해 놓지 않아서 그동안 면접 코칭을 특성, 부족한 사항, 코칭 횟수, 코칭 후 피드백에 대해서 영상이나 자료를 축적해왔다면, 하는 아쉬움이 남기도 했다. 하지만 두 번의 재채용 절차를 거치면서 면접을 볼 때 내가 경험했던, 놓치기 쉬운 부분을 만들어 올리면 좋지 않을까 하는 생각으로 현재 관련 내용을 정리해서 만드는 중이다. 데이터가 왜 중요한지를 새삼 느끼고 있다.

또 남의 일상을 그냥 눈으로 보고 즐기거나 단순히 내가 좋아서 올리는 것도 중요하지만, 때론 유익한 영상, 알면 좋은 꿀팁 등 지나온 시간들 속에 내가 한 일들과 나를 증명해 주는 데이터, 나만의 스토리를 만들어간다면 좋을 것이다. 하루하루 살아가면서 그냥 평범하다고, 별것 아니구나 하는 생각으로 지나칠 수도 있지만 바로 이런 것들이 나를 브랜딩시켜주고 또 하나의 업으로 이끌어줄 수 있는 방법이라고 생각된다.

한 번에 되는 것은 없다. 아마도 다들 지금까지 살아오면서 느끼고 실감했을 것이다. 나를 찾는 게 관건이다. 내가 팔리는 사람이 된다면 그것이 경쟁력이고, 시장에서 생존할 수 있는 유일한 방법이다.

5장

두 번째 업을 찾아가기 위한 7개의 잡 코어

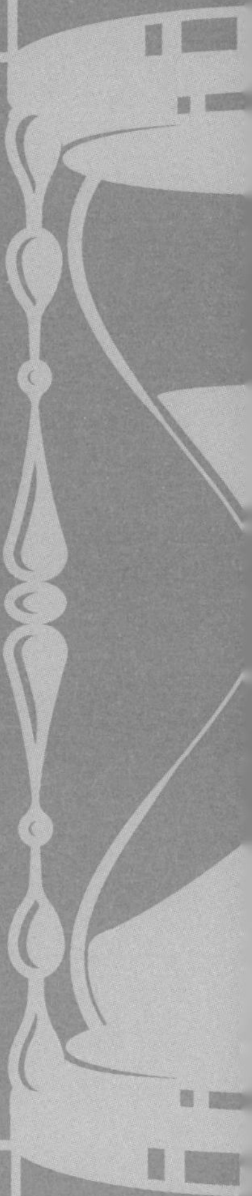

매일 온라인에 기록하는 습관을 들여라

나도 인플루언서가 될 수 있다

남녀노소를 불문하고 이제 떼려야 뗄 수 없는 필수품이 된 물건이 있다. 바로 스마트폰이다. 통화는 물론, 자료를 만들고 전달하고 올리는 도구이자 소통의 장이 되기도 하고, 이를 통해 새로운 직업군도 창출되고 있다. 어떤 사람들은 스마트폰 하나로 수천만 원에서 수억 원씩 수입을 거둬들이며 사업 수단으로도 활용하고 있다. 이제는 생활 전반에서 없으면 안 되는 스마트폰은 우리 일상을 통제하고 있다.

하지만 단순히 스마트폰을 전화 통화, 문자, 메신저를 주고받는 용도로만 사용하는 사람도 여전히 많다. 나도 마찬가지다. 기계에 대한 욕심은 있어서 새로운 모델이 나오면 구매하고 싶은

충동이 앞서지만 그때마다 망설이게 된다. 구매 비용 또한 만만치 않기 때문이다.

이와 비슷한 시기에 SNS에 관심을 갖기 시작했다. 처음에는 블로그를 해보려고 도전하다가, 너무 복잡해 중간에 그만둔 적이 있다. 무엇을 써야 하고 어떻게 하는지에 대해서 무지한 상태에서 섣부르게 시작한 탓이 컸다.

그런데 독서 모임에서 게리 바이너척의 저서 《크러싱 잇! SNS로 부자가 된 사람들》(김진희 역, 천그루숲, 2019)을 읽으면서 SNS에 다시 눈을 뜨게 되었다. 꼭 돈을 버는 것에 목적이 있기 보다는 이것저것을 배우고 시도해 보면서 SNS에 대한 리듬을 읽어야 한다는 것에 공감이 됐다. 책을 읽고 나도 할 수 있다는 자신감을 얻었고, 하나하나 시도를 하기 시작했다. 서서히 조금씩 해보면서 흥미도 생기기 시작했다.

독서 모임 후 SNS 올리기

내가 참석하는 독서 모임은 월요일부터 토요일까지 새벽 5시 30분에 진행된다. 통상 5~10분 전에 SNS 단체 채팅방에 줌 미팅 참석을 알리는 알림음이 울린다. 클릭해서 들어가면 리더를 포함해 함께하는 사람들이 입장한다. 모임이 시작되면 전날 카페에 올려놓은 책을 읽고 느낀 소감과 일상에 어떻게 적용할지 등을 이야기하고 공감한다.

다른 회원들의 이야기를 들으면서 나라면 어떻게 할지, 어떻게 적용할 것이며 나의 문제점은 무엇일까 고민을 하기도 한다. 이렇게 하다 보면 한 시간이 훌쩍 지나간다. 종료와 동시에 바로 출근 준비를 한다. 출근 준비라고 해야 특별한 것은 없지만 약 10분간 생각을 정리해서 먼저 인스타그램에 올린다. 사진과 함께 정리된 내용을 올리고 이어서 카카오 스토리, 네이버 카페와 블로그에 올리면 금세 10분이 흘러간다.

이런 삶이 일상이 되면서, SNS에 포스팅을 하고 나면 무언가 한 가지를 해냈다는 뿌듯함이 다가온다. 어떤 이는 왜 굳이 그런 것을 올리느냐고 투정 섞인 소리로 묻기도 한다. 하지만 개의치 않는다. 자랑하려고 하는 게 아니다. 그저 미숙함이 묻어 있지만 정성스럽게 올리는 글이 누군가에게 조금이라도 도움이 되었으면 하는 마음으로 올린다. 또 우리 모임의 규칙이자 나와의 약속이기 때문이다. 이렇게 하루를 시작한지도 벌써 1년이라는 시간이 흘러가고 있다.

매일매일 유튜브 올리기

집에서 직장까지 하루 출퇴근 거리는 55킬로미터, 왕복 1시간. 서울 도심권에 비해서는 아주 짧은 거리고 짧은 시간이다. 하지만 이 시간은 나름 의미 있고 아무도 간섭을 받지 않는 혼자만의 시간이다. 하루에 계획된 업무나 어제 하루의 결산을 하거나 라디오 방송을 들으면서 평이하게 출퇴근을 해왔다. 하지만 이 시간에 방송을 들어봐도 거의 똑같은 국내 상황 이야기고, 계획된 업무 점검이나 하루 결산도 금세 끝난다. 즉 거의 그냥 시간을 흘려보낸다 해도 과언이 아니다.

그러다 어느 날 매일 반복되는 시간을 마냥 흘려보내는 게 너무 의미 없고 아깝다는 생각이 들었다. 그래서 어떻게 보낼까 하다가 유튜브를 찍어보기로 했다. 안전 운전에 위험이 되지 않나 의구심을 가질 수 있지만, 일부 구간을 지나면 농로이고 한적한 구간이 많다. 이 구간에 도달하면 독서 모임에서 결론을 얻은 내용들을 영상으로 찍는다. 어떤 날은 한 주제로 찍고, 또 어떤 날은 3개의 주제를 찍으면서 시간을 보낸다. 한 번에 짠, 하고 찍기보다는 많게는 5~6번씩 반복하면서 선별한다. 시간은 적게는 1분여, 많게는 3분, 대부분 1분 30초 전후에서 완료된다.

영상을 찍고 남는 시간에는 경제 관련 유튜브를 시청한다. 현재와 미래를 읽을 수 있어야 내가 준비해야 하는 게 무엇인가를 알 수 있기 때문이다. 이렇게 축적해온 시간이 1년을 넘고 있다. 누구나 볼 수 있도록 오픈할 수도 없다. 그럼 왜 찍냐고 반문하는 사람이 있을 것이다. 내가 찍는 이유는 간단하다. 이렇게 나의 데이터를 축적해 놓고 훗날 나는 이렇게 시간을 보냈고, 여기까지 오는 데 어떤 경험과 기록을 해왔는지 남기기 위해서다. 나 자신이 지나온 길을 신뢰하도록 근거자료로 만드는 셈이다. 이런 과정을 통해 생각을 정리하고 나름 말솜씨도 늘고 카메라에 대한 부담감도 사라지고 있다.

누구에게나 한 시간은 똑같다. 그 시간을 어떻게 보내느냐 하는 결정도 각 개인이 하는 것이다. 중요한 것은 시간이 지난 뒤 축적된 결과물이 있는지 없는지에 따라 달라진다는 것이다. 이것은 브랜드에도 도움이 될 수 있고, 나를 증명해 주는 손쉬운 방법이라고 생각한다. 짧든 길든 여러분도 시간을 통해 결과물을 만들어보기 바란다.

유튜브에 도전하기를 꺼리는 사람 중에는 다른 사람들에게 자신을 공개하기 싫어 하는 이들도 많다. 그러나 비공개로 설정해두기 기능이 있으므로, 혼자 찍어서 혼자 보는 것도 얼마든지 가능하다. 그렇게 시작했다가 점차 가족들에게만 공개하고, 그러다 지인에게 공개하는 등 점차 구독자를 자기 나름대로 정해서 선택적으로 늘려갈 수도 있다.

하루하루 나를 알리는 시간을 갖자

출근해서 사무실에 도착하면 오전 비행이 있는 경우에는 바로 준비한다. 때론 교육이나 회의도 있지만 대부분 비행 브리핑을 마치고, 계획된 비행을 하고, 비행 후에 강평해 주고, 성적을 정리하는 순으로 하루의 일과가 진행된다.

그렇게 시간을 보내면서 가능한 한 시간이 날 때마다 틈틈이 구매한 책을 읽는 시간을 늘리고 있다. 물론 업무에 지장을 주지 않는 범위로 제한한다. 그렇게 시간을 보내고 퇴근 시간에는 인스타그램에 올릴 영상을 찍거나 영상으로 올릴 소재를 찾는다. 가능하면 인스타그램에 한 가지 이상을 매일 올리려고 노력한다.

내가 올리는 영상 주제는 주로 좋은 풍경 동영상이나 내가 찍은 사진들이다. 처음에는 어설퍼서 그냥 올리는 데 급급했지만 부족한 부분을 배워서 음악이나 문구를 담아 수준을 향상시키고 있다. 새벽 독서에서 나눈 인사이트를 올리고, 출근길에 유튜브를 찍고 경제방송을 듣고, 영상이나 글을 만들어 올리는 게 일상이 되어가고 있다.

무엇하러 그러느냐고 물어오는 지인이 있다면, 나는 이렇게 답해 주고 싶다. '시대의 흐름이기 때문'이라고. 나이를 먹는 건 숫자일 뿐인데 새로운 일에 도전하지 않는 것은 스스로 퇴보를 자처하는 길이다. 이직의 기로에서 선 우리는 도전하지 않는다면 그냥 그렇게, 살아온 대로 시간을 보내야 할 수도 있다. 변화는 대세다. 새로움에 도전하고 새로운 것을 배우는 한 나는 MZ세대와 친구가 될 수도 있고, 어느 곳에서도 리더의 역할을 충분히 해낼 수 있을 것이다.

나만의 특색을 찾고 방법을 만들어라!

무엇을 하든 첫술에 배부를 수는 없다. 특히 나 같은 중년은 젊은이들처럼 감각이 뛰어나기보다 오히려 많이 부족하다. 또 새로운 것을 도전하기에도 쉽지 않은 나이다.

그동안 내가 뚜렷하게 하고 싶은 것을 찾기보다 가족을 위해 앞만 바라보고 지나왔다. 하지만 또 다르게 찾아오는 이직에 대한 고민도 있다. 오래 할 수 있는 일을 찾아야만 하는 것은 부정할 수 없는 현실이다.

이러한 것들을 타파하기 위해서는 '자기만의 무기'를 찾아야 한다. 그리고 나만의 무기를 찾기 위해서는 '시도'부터 해야 한다. 이럴 때 쉽게 접근할 수 있는 것이 우리 일상에 껌딱지처럼 붙어 있는 스마트폰이다. 스마트폰 하나만 있으면 큰돈 들이지 않고 나만의 방법을 찾을 수 있다. 앞으로는 스마트폰 하나로 모두 해결되는 시대가 다가온다. 또 스마트폰을 다루지 못하면 새로운 무엇인가를 할 수도 없다.

실체 없는 두려움에 앞서 시도해 보지도 않고 무릎을 꿇지 말자. 인생 100세, 120세를 운운하고 있는 요즘, SNS를 모르면 내가 할 수 있는 일은 제한적일 수밖에 없다. 그러나 꾸준하게 새로운 것을 실행해 보면서 나에게 맞는 방법을 찾는다면 앞으로 달라질 세상에서도 전혀 두려워하지 않을 수 있을 것이다. 그리고 더 나아가, 자신만의 특색을 살린 또 다른 직업으로 두 번째 전성기를 맞을 수도 있을 것이다. 이를 가능케 하는 힘은 실천 그리고 빠른 실행뿐이다.

멘토는 어디에나 있다

나의 멘토는 누구인가

멘토(Mento)란 현명하고 신뢰할 수 있는 상담 상대를 말한다. 지도자, 스승, 선생 등과 같은 의미로, 흔히 '정신적 지주'라고 생각하면 된다.

"멘토라고 하면 지금 당장 머릿속에 지금 떠오르는 사람이 있나요?"

누군가 이렇게 질문해온다면 아마도 고귀한 대상(교수, 박사, 유명인, 기업가 등)을 가장 먼저 떠올릴 수 있다. 어렸을 때는 선생님이나 선배, 직장 초년생일 때는 직장 상사나 친한 친구나 선배를 떠올릴 것이다. 그렇게 내가 의지하고 기댈 수 있는 사람, 내 문제를 해결하도록 지도해 줄 수 있는 사람을 얘기해 보라는 것이다.

그런데 나이가 어리거나 직장 초년생이라면 쉽게 찾을 수 있겠지만 막상 40~50대에 들어서면 멘토를 찾기가 쉽지 않다. 오히려 내가 누군가에게 멘토가 되어 길을 안내해 주고 지도를 해주기도 하지만 나에게 필요한 멘토는 쉽게 찾을 수 없다. 그럼 어떻게 할까? 지금부터 만들면 된다. 찾으면 된다.

반면 '멘토가 무슨 필요가 있어! 내가 살아가는 방식대로 살아가면 되는 것 아냐?'라며 내 방식이 맞다고 생각해 필요성을 느끼지 못할 수도 있다. 하지만 내가 행동하고 하는 일이 모두 맞다고 생각하면서 살아가는 사람은 흔치 않다. 그런 일은 가능하지도 않고, 또 가능해서도 안 된다. 주변에서 멘토를 찾기 싫다면 책 속에서, 역사적인 인물 중에서라도 자신의 멘토를 찾아보기를 권한다.

멘토는 실패를 미리 알려주는 사람

우리나라에서 한 해에 간판을 내리고 올리는 건수가 대략 82만여 건이나 된다고 한다. 소상공인, 자영업자의 개업과 폐업이 그만큼 잦고 많다는 의미다. 이런 일은 왜 일어나는 것일까? 여러 원인이 있겠지만, 그중에서도 나는 코로나 사태의 장기화, 잘못된 장사 방법이나 노하우 부족, 경쟁력 부족 등으로 이런 가슴 아픈 결과가 나온다고 생각한다.

그중 경쟁력 부족은 시대의 흐름을 읽지 못하거나 트렌드를 읽지 못한 결과가 실패의 큰 원인이 되는 경우가 많다. 이때 장사나 경영에 대해 조언을 해주거나 가이드가 되어줄 멘토를 곁에 둔다면, 실패 확률을 줄일 수 있지 않을까?

멘토는 내가 실패할 법한 요인을 미리 알려줄 수 있다. 나보다 먼저 내가 가고자 하는 길을 간 사람이므로, 내가 자칫 저지르기 쉬운 실수도 미리 알려줄 수 있다. 지금 고민하고 있는 이직, 또 다른 길을 성공적으로 가기 위해서 여러분만의 안내자, 기댈 수 있는 멘토를 지금부터 찾고 만들어보기 바란다.

자녀의 멘토에서 자녀의 멘티로

나와 함께하고 나를 바라보는 나의 분신인 자식들. 어렸을 때는 "아빠! 아빠!" 하면서 좋아하고 따르곤 했던, 퇴근해서 집에 도착하면 와르르 달려와 품에 안겼던 꼬맹이들이다. 하지만 초등학교 5학년을 넘기고 친구가 우선으로 바뀌면서 아빠는 뒷전으로 밀린다. 때론 어이없기도 하고 때론 벌써 저렇게 컸나 하는 생각이 불쑥 다가온다. 그렇게 훌쩍훌쩍 커버린 분신들은 자기의 할 일을 찾고 몰입해 제 역할을 찾아간다.

때로는 꿈을 찾고 목표를 정하는 과정에서 아빠에게 의견을 물어보기도 한다. 아이들이 처음 세웠던 목표들은 잦은 이사로 인해 환경도 바뀌고 학교도 바뀌면서 수정된다. 이 대목에서는 아빠의 눈치를 보기도 한다.

어느 날 고등학교 2학년인 둘째에게 장래희망을 물었더니 팝핀댄서라는 말에 깜짝 놀란 적이 있다. 그런데 시간이 지나면서 댄스가 아니라는 생각이 들었는지, 아이는 이번에는 목표가 가수라고 했다. 한참 아이돌에 열광하는 나이인 터라 막연한 생각으로 결정한 듯해 가수협회에 등록된 가수 선생님과 면담을 주선해 주었다. 면담 후, 아이는 자신의 길이 아니라는 결론을 얻고 좌절하며 돌아왔다.

내가 우리 아이들에게 멘토 역할을 할 수 있었던 시기는 이때가 정점이었다. 대학을 졸업하고 직장생활을 하면서 아이들이 아빠를 바라보는 눈은 달라진다. 어느새 비평가 모드다. "아빠는 권위적이야!", "공감해 주질 않아!", "부드럽지가 못해!", "너무 완고해!", "말이 너무 길어!", "너무 고리타분해!" 등 나의 단점을 정확하게 집어낸다. 세대의 차이를 읽어내지 못하는 결과다.

물론 그런 말을 들을 때면 서운한 마음이 가슴 한쪽에 자리를 잡지만, 수정을 하려고 노력한다. 또 잘 보이려고, 아이들이 한 얘기에 대해서 "아빠 바뀌지 않았니?" 하고 확인을 받기도 한다.

아이들이 크면서 이젠 가족 공동체로서 때론 자식들에게 내가 코칭을 받고 의견을 구하는 일이 많아졌다. 성인이 된 아이들이 때로는 나보다 더 세상의 이치를 아는 경우도 심심치 않게 발견하곤 한다. 이제 나는 아이들의 멘토가 아니라, 아이들의 멘티(Mentee, 멘토에게 지도나 상담을 받는 사람)가 되는 기쁨을 누린다. 나의 지원군이면서 멘토 역할을 톡톡하게 해내는 아이들이 고맙고 또 대견하다.

아내는 영원한 멘토

아내와 결혼 생활을 한 지 어느새 내년이면 30주년을 맞이한다. 1992년 12월 5일, 영등포에 있는 커피숍에서 만난 후 인연이 되어 지금까지 함께하고 있다.

참 고생도 많이 했다. 내가 군에 있었기에 결혼 후에도 아내는 체육대회, 단체 회식, 부대 연말 회식에 당연히 참석해야 했다. 또 용사들이 먹는 김치를 담그거나 부대 행사에 참석해서 노동해야 하는 시기도 있었다. 월세방, 전세방을 전전하기도 했고, 보증으로 인한 인간적인 배신이 있을 때도, 진급에 낙선했을 때도 늘 함께 있었다. 때론 비자금이 있어야 한다는 붐이 일어, 나도 용돈에서 일정 금액을 떼내어 비밀리에 통장을 만들었다가 들통나 오해를 산 일도 있었다. 때론 술자리에 참석하는 게 좋아서 동참하고도 부대 회식 핑계를 대면서 얼렁뚱땅 넘기기도 했다.

그러는 사이에 나의 영역을 대부분 점령하고 있었던 아내. 지금은 비밀이라고 할 것도 없어 모든 것을 그냥 터놓고 상의한다.

만일 내가 하고자 하는 일에 대해 아내가 반대하거나 말다툼으로 이어지면 시작부터 동력을 잃어버린다. 가장으로서 권위를 생각하고 가족을 위한 일을 시도하는 것임에도 때론 마찰을 빚기도 한다. 그렇게 응원을 못 받고 호응이 없는 상태라면 전투력이 금세 다운되는 것을 알 수 있다.

이직하든 새로운 계획을 세울 때든, 가족과 연결되는 일은 둘도 없이 편안하고 든든한 지원군인 멘토 아내와 가장 먼저 그리고 가장 많이 상의해야 한다. 그리고 가장 마지막 결정의 순간까지도, 아내를 영원한 멘토로 삼아야 한다. 내 영역을 대부분 점령하고 있던 사령관인 아내야말로 멘토로서의 지위를 누릴 자격이 충분히 있으니 말이다.

또 다른 멘토 친구, 선배, 사업가

40~50대까지 삶의 여정 속에서 친한 친구 또는 직장이나 학교 선배, 경영을 하는 사업가 등 다양한 분야의 사람들과 연을 맺어왔을 것이다. 그런데 막상 내 마음속에 있는 불편한 일들을 거리낌 없이 털어놓을 수 있는 사람은 그리 많지 않다.

앞만 보고 한참을 달릴 때는 누구든 마다하지 않고 편안하게 맞이했다. 또 그게 편했다. 그래야 당연하다고 생각을 해왔다. 그러나 편하고 당연했던 시간들을 되돌려보면 흔히 말하는 건설적인 얘기를 하기보다 당장 눈앞에 있는 뒷담화나 이러쿵저러쿵 하는, 그렇고 그런 얘기들이 대부분이었다. 그땐 그게 맞다고 생각했고, 그렇게 보내면서 문제도 해결하고 공감대도 형성을 해온 게 사실이다. 어쩌면 지금도 그렇게 시간을 허비하고 있는지도 모른다.

때론 그런 시간이 필요할 수도 있다. 하지만 미래의 또 다른 길을 준비하는 중요한 결정을 앞둔 이 시점에서는 불필요한 시간을 줄여야 한다. 만남을 가질 때도 생산성 있는 시간을 가져야 하고, 또 만나는 사람도 바꿔야 한다.

그렇다고 지금껏 유지해온 관계를 단절하라는 얘기가 아니다. 내 문제를 해결하고 문제에 대한 대안을 찾고 준비하는 데 도움이 되는 사람이 필요하다. 만날 때부터 그렇고 그런 얘기를 위해서 만나거나 그저 만나면 편한 사람이 아니라 내가 문제를 해결해줄 수 있거나 내 문제를 털어놓고 답을 찾거나 해결할 방향을 잡아줄 수 있는 사람을 만나고, 멘토로 선정해 관계를 유지해야 한다. 그렇지 못하면 답을 찾을 수 없다. 나도 앞에서도 여러 번 말했던 새벽 독서 모임을 통해 그 답을 찾고, 멘토를 찾고 있다. 또 많은 문제를 해결해가고 또 준비해가고 있다.

이젠 시간과의 싸움이다. 내 나이 숫자와의 싸움이다. 그렇다면 지금 필요한 멘토는 누구인가? 고민해 보기 바란다. 지금 고민하는 문제해결을 위해서!

사실 나는 책이라고 하면 거부감부터 갖고 있었다. 바로 1년 전까지만 해도 그랬다. 그러나 지금은 책을 읽어야 한다고 스스로 말을 한다. 실천으로 옮기는 게 쉽지는 않지만 틈만 나면 책을 읽으려고 노력한다. 책 사재기도 마다하지 않는다.

지금 나에게 책이 주는 의미는 수없이 많다. 우선 생각이 단순해졌다. 예전에는 어떤 일을 하기 전에 불필요한 고민을 하거나 생기지도 않을 일을 걱정하곤 했다. 흔히 말하는, 신경을 너무 쓰는 사람이었다. 그냥 편하게 생각하고 지나갈 일도 우선 내 앞에 두고 신경과 대립을 한다. 잠들기 전에도 불필요한 고민으로 잠을 설치기 일쑤였다. 지금은 나름의 기준이 설정되어 있다. 내가 문제를 해결해 주고 간섭을 통해서 긍정의 힘으로 돌릴 수 있는 문제는 적극 가담을 한다. 하지만 반대의 경우에는 '그럴 수 있네!' 하고 만다.

또 큰 변화는 머리가 말랑말랑해져가고 있다. 30년이 넘는 틀에 박힌 생활에서 그동안에는 누군가 정보를 줘도 반응하질 않았다. 경제 IQ를 높이는 일이든, 생활 속 상식이든, 시대의 흐름에 반응하는 일이든, 투자하는 일이든 일단 부정의 마인드로 대해왔다.

틀에 박힌 사고와 행동이 통하는 시절이 있었다. 그때는 시대가 그랬다. SNS, 인터넷이 그리 발달하지 않았던 시대였다. 하지만 이제는 그때처럼 받아들이지 않는 자세로 일관하면 무엇을 해도 망하기 쉽다. 많은 이들이 다른 길을 준비한다고 생각하지만 결국 지금 하고 있는 일의 연장선에서만 고려한다. 그게 꼭 틀리다고만 할 수도 없다. 하지만 그렇게 생각하고 준비하면 언젠가 지금 하는 고민을 다시 하게 되고, 그때는 정말로 힘들어지게 된다.

지금 나를 쉽게 변화시키고 내 문제를 해결해 주고 나를 단단하게 해줄 수 있는 멘토는 바로 책이 아닐까? 내가 고민하는 분야의 책을 선정해 우선 딱 한 권만 읽어보기 바란다. 바로 진정한 멘토를 만날 수 있고, 왜 책이 멘토인지 해답을 찾게 될 것이다.

인맥 또 인맥

세상은 다양한 인맥 천국

흔히 사회생활에서, 또는 인생을 살아가는 데 인맥이 중요하다고 이야기하곤 한다. 인맥이란 무얼까? 인맥의 정의는 '내가 알고 지내는 사람', 또는 '나와 함께하면서 도와주고 도움을 받는 유대관계를 유지하는 사람'이라고 해야 할 것이다. 특히 우리나라는 학연, 혈연, 지연에 포함해서 '근무연'까지 연결을 짓는다.

인맥을 따진다고 해서 꼭 나쁘다고만 볼 수는 없다. 나름 조직 안에서 단합하기 위한 동기가 되어주고 원활한 업무처리와 결속을 다지는 측면도 있으므로, 어느 정도의 인맥 형성은 필요하다고 생각한다.

그러나 인맥이 형성되지 않는다고 해서 단합이 안 되거나 업무가 처리되지 않는 것은 아니다. 물론 조직이나 사회에서 유대관계는 필요하다. 유대관계는 개인적인 관계뿐만 아니라 조직 간에 단합을 위해서도 필요하다. 나 역시 군 생활을 할 때 같은 출신지끼리 모임을 열어 참석하고 유대를 쌓았다. 정기적으로 모여 이야기를 나누고, 어려울 때 서로 도와주고 끌어주는 관계로 유지가 되곤 했다. 군대 내에는 다양한 출신이 존재한다. 모교 동창회를 하듯이 출신별로 동문회를 갖기도 한다. 이는 어느 조직이든 비슷할 것이다. 회사든 군대든 아니면 다른 학교든 간에 같은 출신 지역 향우회, 동창회, 반창회, 동문회 등이 주기적으로 열리는 것을 자주 본다.

인맥은 어쩌면 우리가 힘든 인생을 살아가는 데 약간의 버팀목이 되어주는 사소한 연결의 끈 같은 것일지도 모른다. 사람들은 저마다 다양한 이유에서 유대관계를 유지하겠지만 그중에서도 가장 큰 이유는 서로 비슷한 공간을 체험한 사람들끼리 모여 세상 사는 이야기를 나누고, 잠시마나 힐링하는 시간을 갖기 위함이 아닐까. 경조사가 있을 때 서로 도와주고, 필요한 정보를 주고받으면서 조금이라도 외로운 마음을 덜어내고자 하는 것, 그것이 우리가 사람들 속에서 살고 사람들과 부대끼는 가장 큰 이유일 것이다.

인맥에도 유효기간이 있을까

1991년 5월 17일 ◯◯비행장, 조종사로서 첫 근무지다. 허리까지 오는 더플백과 3단으로 된 무거운 가방을 질질 끌다시피 1킬로미터를 넘게 이동해서 앞으로 근무할 막사 앞에 도착했다. 그때 나를 맞이한 해당 부대의 리더가 내게 던진 첫마디는 "너냐?"였다. "반갑다. 어서 와. 오느라고 고생했어"라는 얘기를 기대한 건 아니지만, 초면에 황당했다. 그것이 조종사로 날개를 펴기 위해 도착한 곳에서 나를 맞이해 주는 첫 인사였다.

그렇게 아무것도 모르는 상태에서 동문회에 참석했을 때는 천군만마를 얻은 것 같은 든든함이 느껴졌다. 이후 동문회를 통해 어려울 때는 도움을 받기도 하고, 도움을 주기도 하면서 친분을 유지해갔다. 하지만 동문이라고 해서 항상 좋은 관계만 유지되는 것은 아니었다. 서로 간의 오해로 인해서 불화가 있기도 하고, 불화를 풀지 못해 아예 관계 자체가 와해되는 사례도 종종 있었다.

어느 날 관계가 틀어진 이유를 돌이켜본 적이 있다. 이유를 되뇌어보니, 상대에게 내가 무언의 도움을 바랐지만 그것이 진전되지 않았을 때 불화로 이어졌음을 알게 되었다. 때로는 상대가 나에게 도움을 내심 바랐는데, 내가 그 부분을 들어주지 않을 때에도 불화로 이어졌다.

이렇게 사람들과 인연을 맺고 때로는 끊어지기도 하면서, 나는 2~3년에 한 번꼴로 새로운 곳으로 부임지를 옮겨 이동하며 군 생활을 했다. 새로운 부임지에서는 또 다른 사람들과 함께 근무하며 관계를 쌓았다.

유대관계가 주는 에너지는 위로와 응원의 힘

누구나 그렇듯 세월이 지나면서 경험도 쌓여왔고 인맥의 폭도 넓어져간다. 아마도 지금껏 함께 근무한 사람을 다 더하면 그 인원만 해도 상당할 것이다. 또 학생을 교육한 인원까지 하면 내 인맥 폭은 더 확장될 것이다. 그렇다고 지금까지 함께했던 전우들이나 수료한 학생들과 모두 유대관계를 맺는 것은 아니다. 내 경우 관계가 유지되는 인원은 소수에 불과하다. 한 연구에 따르면 한 사람이 적정한 인간관계를 유지할 수 있는 한도가 대략 150명 정도라고 한다.

진정한 인간관계를 유지하기 위해서는 소통이 지속되어야 한다. 때론 식사를 하거나 소주잔을 기울이기도 하면서 말이다. 내 경우, 인간관계를 유지한다는 이유를 앞세워 술자리에 자주 참석하곤 하다가 결혼 초기에 아내와 마찰을 빚기도 했다. 시간도 많이 투자되었다. 통상 한번 술자리에 앉으면 기본 1시간 30분, 길게는 3시간 30분 정도 술자리가 이어졌으니, 그 시간을 다 합하면 친분 유지에 꽤 많은 공을 쏟은 셈이 된다. 그러나 나는 여전히, 사람 냄새 나는 관계를 유지하려면 주기적으로 모임에 참석해서 인맥을 쌓는 게 좋다고 생각한다. 분위기가 좋은 모임에서는 하루에 쌓인 피로가 말끔히 풀리기도 한다. 돈과 시간은 조금 들지만, 그보다 더 많은 위로와 응원의 힘을 얻어간다고나 할까.

생산성 있는 관계 맺기 방식으로

한창 일에 집중해서 일할 때 '진급'이라는 산을 넘을 생각에 직장 상사, 선배와의 관계를 좋게 유지하려 애쓴 적이 있다. 그들과 관계를 유지하기 위해서는 비용과 시간을 투자해야 했다. 요즘은 커피 문화가 많이 발달해 차를 마시는 것으로 이런 유대의 시간을 보내는 경우가 많지만, 예전에는 그렇지 않았다. 사람을 만난다고 하면 소주가 곁들여진 식사를 거하게 하는 게 기본이고, 2차로는 입가심으로 호프집이나 때로는 노래를 부를 수 있는 단란주점으로 향하는 게 당연시되던 시절이었다. 소주 한잔을 나눠야 진정한 관계라는 의식이 기본으로 깔려 있었다.

그때는 나도 그렇게 생각하고 그렇게 사람들과의 관계를 이어왔다. 더구나 가족과 떨어져 살 때는 퇴근 시간만 되면 먹이를 찾는 하이에나처럼 어떻게 건수를 만들까 고민하며 술자리를 만들어냈다. 그렇게 하다 보니 용돈을 받으면 얼마 안 되어 고갈되고 말았다. 또 술에 취하면 마시는 데 소요되는 시간, 숙취에서 벗어나는 시간까지 족히 하루는 소요되기도 했다. 물론 이때 만난 이들과 대부분 지금까지 좋은 친분 관계를 유지하고 있지만 술과 시간, 건강을 투자해야 하는 것은 기정사실이었다.

당시만 해도 나는 이들과 만남을 유지할 때의 모토가 '아무 조건이 없는' 편안한 자리에서 서로 마음 편히 참석하자는 것이었다. 나도 가족과 떨어져 지내는 상황이었고, 자리를 함께하는 사람들도 나와 같은 처지이거나 전에 같이 근무했거나 알고 지내던 2~3년 선배나 후배들이 대부분이었다. 이러한 관계는 대부분 코로나19가 발생하기 전까지 유지되었다.

그러나 약 1년 전부터 당연하게만 생각해왔던 것들에 대해 생각이 바뀌기 시작했다. 과연 지금 인맥을 유지하고 있는 방법이 맞는 것인지 의구심이 들기 시작한 것이다. 삶의 뚜렷한 목표가 정해지면서부터다. 사람들과 관계를 유지하는 것의 가치, 내가 정한 삶의 목표까지 걸리는 시간의 소중함을 깨닫기 시작하면서부터 사고가 전환되기 시작했다.

진정한 인맥을 유지하려면 옥석을 가려라

50대 중반인 지금까지 나는 사람을 가리지 않았다. 인간관계를 맺을 때 "가는 사람 잡지 않고 오는 사람 막지 않는다"가 나름 신조였다. 이 신조는 지금까지 변함이 없다. 하지만 때론 실망을 안겨주는 사람도 많았고, 내가 알던 사람이 맞나 싶을 정도로 특정한 상황에서 각양각색의 태도를 보이는 사람들이 점점 눈에 띄었다. 진급했다고 변심하는 사람, 이직했거나 같은 모임 회원으로 형님 동생 운운하다가 어느 순간 연락을 단절한 사람, 소식이 궁금해서 전화하면 거부하는 사람, 모임에서 본인이 받을 수 있는 혜택을 모두 받고 나서는 회비를 연체하는 사람, 애경사가 있을 때만 연락을 하는 사람 등 참으로 다양하게 변하는 모습을 알게 된 것이다.

이런 일을 겪으면서 나는 인맥을 유지할 때도 옥석을 가려가면서 해야겠다는 생각을 하게 되었다. 지금 친한 사이라도 앞으로 언제까지 유지될지 모르는 게 세상 일이다. 내가 알고 있는 바운더리에 있는 사람들을 모두 다 안고 갈 수는 없는 노릇이다. 그래서 40대에 접어들면서는 함께 갈 사람, 그냥 관계만 유지할 사람으로 구분하기 시작했다. 지금이야 내가 직장에 몸담고 있지만, 어느 순간이 되면 더이상 안부 문자조차 나누지 않는 사이가 될지도 모른다.

어느 고위직에 있던 분이 현직에 있을 때는 점심시간에 만나자는 사람이 많아서 항상 일정을 조율하느라 힘들었다가 고위직에서 물러나고부터는 같이 밥 한 끼 하자고 청하는 사람이 없어 홀로 쓸쓸히 점심을 먹었다는 일화는 우리들이 맺는 인간관계와 유대의 끈이 얼마나 하찮고 얄팍한지를 보여준다. 그런가 하면 내가 같이 근무했던 선배는 잘나갈 때는 늘 연락했던 친구가 진급하고는 연락을 단절했다면서 씁쓸한 웃음을 짓기도 했다.

이런저런 관계를 따지지 않는 관계 유지는 20~30대까지만 해도 족하다. 이제는 인생의 황금기에 나와 함께하고 가치 있는 시간을 유지하기 위한 사람만 만나기에도 부족하다. 그렇다고 지금 관계를 유지하고 있는 사람을 일부러 단절할 필요는 없다. 하지만 어느 쪽에 에너지를 쓸 것인지 묻는다면 답이 나와 있다. 그렇다면 한 번쯤 진정한 관계를 유지할 사람이 누구인지 생각하고 정리할 시간도 필요하다. 그냥 그렇게 가는 거지, 하면서 지나가면 정말로 내가 필요할 때 외로워질 수 있다.

그렇다면 어떤 기준으로 옥석을 가려낼 수 있을까? 나는 자기 자신에게 이런 질문을 해볼 것을 권한다. 새벽 2시에 전화해도 부담이 없는 사람, 스스럼없이 받아줄 사람, 내 고민을 마음놓고 털어놓을 수 있는 사람, 왠지 떠오르면 편안하고 입가에 미소가 지어지는 사람. 바로 그런 사람이 나에게 진정으로 필요한 사람이 아닐까? 인생의 버팀목이 되어줄, 보석 같은 사람이야말로 인맥을 유지해가야 할 사람인 것이다.

한 시간을 만나도 소중한 사람

세상에는 두 부류의 사람이 있다. 나와 함께하는 사람과 함께하지 않는 사람. 시간도 마찬가지라고 생각한다. 함께했을 때 시간을 가치 있게 보내도록 해주는 사람과 그렇지 못한 사람.

우리는 하루하루 늘 많은 사람을 만나면서 살아간다. 그중 가장 각양각색의 다양한 사람을 만나는 이들이 바로 세일즈맨, 가게를 운영하는 자영업자, 버스기사 등일 것이다.

반면 나는 만나는 사람이 거의 고정되어 있다. 직장에서 늘 만나는 동료와 학생, 퇴근 후에는 동아리에 속해 있는 사람, 때때로 만나는 지인이나 동창생들. 그런데 어느 순간, 이런 관계를 유지하면서 함께하는 시간이 대부분 비생산적인 대화로 채워진다는 게 느껴졌다. 이들과 나누는 대화 소재는 주로 남들 비평이나 자신의 근황, “라떼는 말이야”로 이어지는 수다가 대부분이었다! 나도 한때는 그런 소리에 동조하고 거들면서 시간을 보냈다. 그게 맞다고 인정하면서 말이다.

하지만 생산성 있는 관계 맺기 방식으로 사고가 전환되자, 요즘은 뻔한 얘기로 시작하면 왠지 자리를 피하고 싶어진다. 그러나 뻔한 얘기를 한다고 해서 내 사무실에 찾아온 사람을 듣기 싫다고 내칠 수도 없는 노릇이다. 그래서 요즘은 화두를 바꾼다. 과거 있었던 뻔한 얘기로 이어지면 질문으로 화두를 바꾼다. 주제는 주로 앞으로의 인생 계획이나 현재 읽고 있는 책이 무엇인지, 투자하고 있는 관심 종목이 있는지, 퇴직 후의 계획이 따로 있는지 등 상대가 들었을 때 대답을 하기도, 하지 않기도 쉽지 않은 다소 생뚱맞은 소재들이다. 때로는 적정 시간이 지나면 다른 일을 핑계 삼아 자리를 피한다. 몇 번의 자리를 했을 때 주제 없는 얘기로 이어지는 사람과는 필요할 때를 제외하고는 대화를 이어가지 않는다. 또 식사도 가능한 필요한 경우를 제외하곤 내가 먼저 자리를 만들지 않는다. 만나는 대상도 건설적인 대화로 이어지지 않는 사람은 일상적인 관계만 유지한다.

한 시간을 만나도 소중한 사람, 한 시간을 만나도 서너 시간쯤 만난 듯한 기분이 드는 사람, 이것이 내가 인맥을 길고 깊게 유지하고 싶은 사람이다. 그리고 나 역시 상대에게 이런 사람이 되고자 애쓰고 노력하려 한다.

'찐인맥'의 요건

내가 인맥을 정리하거나 관리하는 이유는 바로 시간의 소중함 때문이다. 세상에서 가장 공평한 것은 모두에게 주어지는 24시간이라고 생각한다. 인생 후반전을 준비해야 하는 시기에는 1분 1초가 아깝다. 발전적인 얘기를 나눠도 부족하다는 얘기다.

퇴직은 옛말이다. 과거에는 수명도 짧고 퇴직 후에는 쉬어야 한다는 의식이 팽배했지만 이제는 먼 과거의 얘기다. 과거 퇴직을 운운했던 나이가 이제는 두 번째, 세 번째 업을 고려해야 하는 나이로 바뀌었다. 평균수명도 과거와는 다르게 늘어났고 일에 대한 열망 또한 증가하고 있다. 이젠 시간과의 싸움이다. 의미 없는 대화로 이어지는 시간을 보낼 바에야 책을 한 장이라도 더 읽는 게 훨씬 도움이 된다.

명심해야 한다. 나를 기회이자 도구로 생각하는 사람, 쓰면 뱉고 달면 삼키는 사람은 하루빨리 정리해야 한다. 그리고 진정한 인맥을 유지하기 위해서는 서로에게 도움을 주는 관계, 서로가 윈윈(Win-Win)하며 상생하는 시너지를 내는 관계를 설정해야 한다. 둘이 같이 보내는 시간이 의미 있고, 그 시간이 쌓여 생산적인 미래로의 밑거름이 되어준다면, 그 사람과 보낸 시간은 오히려 귀한 선물로 돌아올 것이다. 이런 이들과 나누는 것이 진정한 소통으로 이어지는 '찐인맥'이라고 나는 확신한다.

인생의 황금기에서 당신은 어떤 사람과 인맥을 유지할 것인가? 어떤 대화로 시간을 보낼 것인가? 지금은 어떻게 하고 있는가? 이제 나부터 변해야 한다.

루틴과 꾸준함의 힘은 영원하다

그냥 내 방식대로 살아가는 게 루틴?

성공학 개론이나 성공 스토리를 쓴 자서전, 자기계발서를 보면 공통적으로 루틴이 중요하다는 이야기를 한다. 이 말을 들었을 때 '나만의 루틴이 뭘까?' 생각했다. 지금까지 내가 꾸준하게 해온 것이 있는지를 되짚어보았지만, 그냥 늘 해왔던 일들밖에 생각이 나질 않았다.

별다른 관심이 없이 지내온 것도 사실이다. 그냥 아침에 겨우 일어나서 한 끼를 때우고 출근해서 계획된 일을 하고, 운동하고 때론 퇴근길에 지인을 만나거나 취미 활동으로 이어지는 일상을 보내왔다. 삶의 목표 또한 정년까지 버티다가 은퇴를 하게 되면 고향에 조그마한 집을 짓고 텃밭을 일구는 일상으로 돌아가려는 그저 그런 목표를 두고 하루하루를 보냈다. 50대에 접어들기까지 그런 생각이었다.

하지만 50대 중반에 접어들고 정년이란 놈이 성큼 눈앞으로 다가오면서, 지금 생각하고 있는 그런 삶이 맞을까? 막내와 아이들 결혼은 어떻게 하지? 어떻게 살아가는 것이 맞을까? 하는 생각들이 늘 머리를 맴돌았다. 아마도 40~50대 가장이라면 한 번쯤 고민하고 눈앞에 놓인 숙제일 것이다. 나도 이전에는 그저 '아이들 결혼은 알아서 하면 되는 것이고, 막내는 벌 수 있을 때까지 하다 보면 어떻게 되겠지'라는 막연한 생각으로 그저 '본업에 충실하자'라는 마음으로 일관해왔다. 지금까지 루틴에 대해 가져온 생각의 수준도 '그냥 내 방식대로 살아가는 게 루틴 아냐?'라는 정도에 머문 것이 사실이다.

루틴의 방향을 정하자

하지만 루틴은 내가 어떤 목표나 방향을 잡느냐에 따라서 확연히 달라지는 것 같다. 어찌 보면 "지금 당장 할 일도 많아 죽겠는데 무슨 루틴 타령이야? 지금 하는 일 하면 되지!" 하면서 정색을 할 수도 있다. 그래도 40대에는 "아직 할 일이 많이 남아 있는데 무슨 말이야?"라고 얘기하다가 50대에 들어서면 "그래, 무엇이든 해야겠다!"로 약간의 긍정 마인드로 바뀌는 게 다르다면 다를까. 하지만 그런 마음도 잠시뿐, 이내 몸은 다시 평범한 일상으로 돌아간다. 왜냐고? 아직 기간이 남아 있으니까. '그때 가서 생각하지 뭐'라며 다시 덮어두는 사람들이 대부분이다.

어떤 지인은 '산 밑에 자그마한 집 하나 짓고 텃밭이나 일구지! 귀농이나 하지!', '연금에 의존하면서 건강을 위해서 운동하고 쉬면서 보내면 되지', '직업은 은퇴하고 그때 찾으면 되지'!라고 딱 거기까지만 생각하고 멈춘다. 하지만 40~50대, 루틴의 방향은 한 가지다. 대비할 시간, 준비할 시간이 있다는 생각을 버리고 자신이 퇴직하는 60세가 된 시점에 미리 가보는 것이다. 그렇게 한다면 누구나 자신만의 루틴을 잡고 시작하게 될 것이다.

《허클베리 핀의 모험》, 《톰 소여의 모험》으로 유명한 미국의 소설가 마크 트웨인은 "앞으로 20년 후 당신은 저지른 일보다 저지르지 않은 일에 대해 더 후회할 것이다. 지금 당장 안전한 항구에서 밧줄을 풀고 항해를 떠나 탐험하며 꿈꾸며 발견하라"라고 말했다. 저지르지 않은 일이 있다면, 그것은 바로 인생 제2막의 설계일 것이다. 두 번째 업을 찾기 위한 잡 코어, 루틴을 정하는 일이 중요한 이유다.

당신의 최종 꿈은 무엇인가

40대가 되면 직장에서 위치가 흔들리면서 불안감이 더해간다.

그나마 내가 몸담아 온 군에서는 계급별 연령 정년이 보장되어 있어 내가 근무할 수 있는 기간을 예측할 수 있지만, 일반 직장에서는 매년 연말이 되면 어떤 조치가 나올지 노심초사하면서 초조하게 보낸다는 소리를 들었다. '아! 우리보다 더 불안한 상황이구나! 인정사정이 없네!'라는 생각도 들었다. 그렇다고 순리를 역행할 수 있는 것도 아니기 때문에 멀리 보고 미리 준비하지 않으면 2막 인생에서 많은 시련을 겪을 수밖에 없다.

나 또한 최종 진급에 누락하기 전까지는 그저 앞만 보고 달려오다가 약 3년을 남겨놓고부터 정신없이 준비한 적이 있다. 다행히도 군을 떠나면서 공백 없이 바로 취업이 되어 지금 2막 인생을 걷고 있다. 하지만 당시에도 멀리 보기보다 우선 내가 가지고 있는 조종기술을 어떻게 써먹을까에 관심이 있었지, 60세 이후까지 바라보면서 평생 업에 대해 고려하지는 못했다. 솔직히 안목이 없었다.

지금도 함께하는 선배는 당시 내게 이 길을 다시 고려해 보라는 얘기도 했지만, 우선 취업해야 한다는 마음뿐이었다. 이제 다시 2막, 또 3막 인생을 고민해야 하는 시점에서 나는 이렇게 말하고 싶다. "40대이건 50대이건 늦지 않았다. 나이는 숫자에 불과하다는 말이 맞다. 늦지도 않았다"라고 말이다.

미국의 여성 심리학자 셰리 윌리스가 40년간 수명에 관해 연구한 결과를 보면 인지능력 검사에서 다른 어떤 연령대보다도

40~65세 중년이 '언어 기억, 공간 정향, 귀납적 추리'에서 최고의 수행능력을 보였다고 한다.

성장하는 사람과 멈추는 사람

《위로받고 싶은 마흔 벼랑 끝에 꿈을 세워라》(다연, 2013)의 저자인 김상철 작가는 다음과 같이 얘기한다.

> 두 부류의 사람이 있다. 마흔, 오십에서 멈추는 사람과 마흔, 오십에서 성장하는 사람이다. 이처럼 어떤 이들은 성장을 멈추지만 어떤 이들은 성장을 지속한다. 두 부류의 차이점은 무엇일까? 지금 수준에서 만족하느냐, 그렇지 않느냐이다. 나이가 들수록 성장하기 위해선 스스로가 성장할 수 있는 일 그리고 자신이 능력을 발휘할 수 있는 일을 찾아야 한다. 그리고 끊임없이 성장하기 위해 매일매일 한 걸음씩 전진해야 한다. 또 나이 때문에 인생이 끝났다고 생각하는 이보다 더 어리석은 사람은 없다. 관 뚜껑이 닫히기 전까지 어떻게 될지 알 수 없는 게 사람이다. 실패보다 더 두려운 것은 지금의 나이에 지는 것이다.

이 말을 당신은 어떻게 생각하는가? 혹시 나이라는 핑계를 두고 있지는 않은가? 그렇다면 이 시점에서 자신한테 솔직하게 물어보자. 정말로 내가 좋아하는 일, 하고 싶은 일은 무엇일까? 그리고 앞으로 나의 꿈은 무엇일까? 만일 답을 얻지 못했어도 괜찮다. 다만 그 꿈을 정하고 어떻게 행동하느냐에 달려 있다는 것은 명심해야 한다.

꿈과 목표는 나만의 것이다. 나만이 쟁취할 수 있는 것이다. 여건이 될 때 좀 더 멀리 바라보고 진단해 보길 바란다. 그리고 2막이든 3막이든 직장이라는 울타리를 나와서 즐겁고 행복한 인생을 살기 위해서는 돈을 벌고 있을 때 꾸준히 자신을 브랜딩해야 한다. 그래야 언제든 닥쳐올지 모르는 이직, 퇴직에 유연하게 대비할 수 있다.

매년 연장심사를 거쳐서 승인되어야 또 1년을 계속할 수 있는 조건만 보면 나 역시 당장 이 직업을 그만두고 싶을 때가 많다. 하지만 무엇을 할지 명확하게 준비되지 않았다. 최종 삶의 목표를 '봉사와 기부'로 선정한 것 외에는 구체적인 로드맵이 잡히지 않았다. 음악 봉사를 위해서도 내가 일을 계속할 수 있는 조건이 충족되어야 한다. 하지만 당장 대책도 없는데 사직서를 제출한다고 해서 문제가 해결되지는 않는다. 그래도 나는 현재 가지고 있는 기술이 있기 때문에 일의 연속성을 가질 수 있지만 녹록하지 않다. 운 좋게 민간항공사에 입사한다 해도 길어야 10년, 인생 100세 시대를 고려해볼 때 또 고민해야 하고, 그때는 더 심각한 상황에 직면하게 될 게 뻔하다. 그래서 지금, 준비할 수 있을 때 준비를 해야 한다.

지금부터 꿈과 목표를 세우고 자신을 브랜딩화하면서 한 발짝씩 실행으로 옮겨보기 바란다. 그래야 즐겁게 일을 하면서 인생의 여정을 여유롭게 누릴 수 있을 것이다.

어떤 사람이 되어 시장에 나를 내놓을 것인가

내가 현재 미래의 나를 위해 도전을 고려하고 있는 업은 '유통'을 통해 수익을 올리는 일이다. 그것을 위해 나 자신을 브랜딩하는 것부터 온라인과 오프라인에서 내가 할 수 있는 홍보와 마케팅 등을 열심히 공부하고, 또 여러 경쟁자를 벤치마킹하는 중이다.

내가 계속 개인 브랜딩을 강조하는 이유는 하나다. 현재도 그렇지만 앞으로는 더더욱 SNS와 같은 온라인상에서 인정을 받지 못하고 신뢰가 쌓이지 않는다면 살아남을 수 없는 환경이 되기 때문이다. 보험, 화장품, 건강식품 등 무엇이 됐든 기존에 해오던 방식으로 내가 유통시켜서 돈을 번다는 것은 어쩌면 거의 불가능하다. 내가 유통한 제품을 잘 쓰고 있는 지인이나 가족이라고 해도 그다음 번에도 내 제품을 흔쾌히 사주리라 기대해서는 안 된다. 내가 새로운 일에 도전한다고 하면 환영은 해줄지언정 발 벗고 나서 제품을 팔아주지는 않는다는 의미다.

또 부탁해도 거절하기 일쑤다. 누구나 새로운 업에 도전했을 때 나와 어느 정도 믿는 관계이니 내가 얘기를 하면 들어줄 거라는 믿음을 가지고 지인에게 시도를 해봤지만, 번번이 거절로 이어졌다. 가족은 해주겠거니 생각하지만 오히려 가족 친지가 더 어렵다. 그리고 이런 과정에서 오는 좌절감이 만만치 않았고, 신뢰나 관계에 대해서도 고민하게 되었다. 거절하는 사람들은 내가 싫어서가 아니라 어느 날 갑자기 제품에 관한 이야기를 듣다 보니 선뜻 받아들이기 어렵거나, 나와 신뢰가 두텁지 않은 이들이거나, 혹은 그냥 알고만 지내는 관계라 내 제안을 진지하게 받아들이지 않아서 거절한 것인데, 나는 상대방으로부터 쉽게 마음의 상처를 받고 만다.

시간이 조금 흐른 뒤 여기서의 문제점은 앞뒤, 즉 순서가 바뀌었기 때문이라는 것을 알았다. 광고만을 보고 사면 제품의 질이나 성능을 믿지 못해서, 과대광고에서 오는 낮은 신뢰성 때문에 제품 구매를 거절하는 것이 아닐까? 또 내가 상대방과 서로 믿음이 부족한 상태여서 거기서 오는 거부감 때문이 아닐까 하는 결론에 다다른 것이다.

따라서 내가 유통하는 제품이 우선이 되는 것이 아니라 상대방의 관심사와 믿고 의지하는 관계를 형성하는 게 우선이라는 데 생각이 미쳤다. 나라는 사람은 이런 사람이고, 나는 이런 것을 줄 수 있으며 이런 것과 함께할 수 있음을 먼저 정보를 준다면 내 제안을 받는 이들도 믿음을 가지게 될 것이다.

답은 꾸준함

나는 핸드폰을 많이 보는 편이 아니었고, SNS 활동도 페이스북을 잠깐 한 것 말고는 전혀 하지 않았다. 하지만 지금은 다양하게 노출을 하고 있고, 그와 함께 내 계정을 팔로우하는 사람도 한 명 두 명씩 늘고 있다.

답은 꾸준함이다. 꾸준해야 그 안에서 신뢰가 쌓여간다. 주변에 물어보면 페이스북 정도는 하지만 블로그나 인스타그램, 유튜브 계정을 운영하는 중년은 보질 못했다. 하지만 이제는 누구나 SNS와 가까워져야 한다. 나이가 많아서, 필요하지 않아서, 라고 거부할 것이 아니라 앞으로 다가오는 시대에는 필수품이므로 SNS 활동을 꾸준히 하고 이 영역을 통해 신뢰를 쌓아야 한다.

내 주변 동년배들은 이 꾸준함에 대해 어떻게 반응하고 있을지 질문을 던져보았다. 나름 꾸준하게 루틴을 반복하는 사람이 딱 한 명 있었다. 주로 건강을 위해서 운동을 한다고 한다. 그러나 루틴이 무슨 의미인지도 모르는 사람도 있었다.

말이나 몸으로만이 아니라 나를 알리고 증명할 수 있는 데이터가 있을 때 우리는 상대의 신뢰를 받을 수 있다. 핸드폰을 사용하는 하루 3시간 중에서 단 10분이라도 꾸준하게 시도해 보길 바란다.

사람은 언제까지 일을 할 수 있을까? 평균수명이 83세를 넘어가고 인생 100세 시대, 120세 시대를 이야기하고 있는 요즘, 나는 이렇게 생각한다. 죽을 때까지 일해야 한다고.

정년 퇴직을 했다고, 나이를 먹었다고, 애들 시집 장가 다 보냈다고 뒷방 늙은이처럼 행세하거나 소일거리에 매달리면서 그저 그렇고 그런 평범한 사람으로 살아간다면 죽을 때 과연 무엇을 남기고 갈까? 그래도 이 세상에 태어났다면 의미 있는 흔적을 남기고 가야 하지 않을까? 이 말이 내겐 깊은 울림으로 다가온다. 그러기 위해서는 지금의 자리에서 탈피해야 한다.

빅데이터 전문가 송길영은 《그냥 하지 말라》(북스톤, 2021)에서 이렇게 말한다.

> 이제는 스스로의 흔적을 남기고 성장의 기록을 채록하는 것이 곧 나의 프로파일이 될 것입니다. 그러니 여러분은 무엇을 해야 할까요? 첫째, 직접 하셔야 하고요. 둘째, 기록으로 남겨야 합니다. 그 성장 과정이 나의 자산으로 환금될 것입니다. 일종의 사회문화적 자본이니까요. 그리고 그게 나의 업이 될 테니까요.

당장 앞에 있는 일에만 급급하다 보면 정작 중요한 일을 놓칠 수 있다. 내가 정말로 남기고 싶은 것이 무엇인지, 이 세상에 기여하고 싶은 게 무엇인지 삶의 목표를 다시 선정해 보고 그 목표를 위해서 실천할 사항을 정해야 한다. 즉 나만의 루틴을 정하고, 그런 다음 꾸준하게 실행해야 한다.

마음 맞는 동료를 꼭 챙겨라

'찐팬'은 얼마 없다

나의 하루는 새벽 5시 30분 독서 모임으로 시작한다. 이 모임 이야기를 누차 하는 것은 이 모임이 나의 인생의 방향을 180도 바꾸어놓았기 때문이다. 새벽 독서 모임을 하면서 나도 그랬고 멤버들도 그랬고, 한 방향 한 목표를 바라보면서 꾸준히 같이 달려왔다. 그러나 중간에 하차하는 사람도 많았다. 처음에는 더 많은 인원으로 시작했지만 현재는 20명 남짓한 인원만 남았을 뿐이다.

그럼에도 새로운 또 멤버가 합류하곤 한다. 모임 하루 전에 카페에 책 제목이 공지된다. 그리고 해당 책의 내용을 읽고 저마다 느낀 점, 인사이트를 나누고 얻으면서 에너지를 함께 얻는다.

날마다 이런 방식으로 새벽을 보내고 출근길에 오른다.

나 역시 새벽 독서 모임을 마치고 근무지에 도착하면 이번에는 직장 동료들과 만난다. 룸메이트, 동료 교관들, 학생 10여 명, 지원팀 등 많은 인원을 맞이한다. 하루 일과를 시작하면서 만나왔던 사람을 겹겹이 쌓아 세월을 거슬러 올라가면 헤아릴 수 없이 많은 사람과 만나왔음을 알게 된다. 이렇게 수많은 사람과 함께했지만, 어떤 사람은 기억에 떠오르고 어떤 사람은 그렇지 않다. 물론 나를 기준으로 나를 스쳐 간 인원들이지만 누군가에게는 나의 모습도 똑같을 것이다.

하지만 인생의 두 번째 업을 찾아가기 위해 반드시 함께해야 할 사람들을 생각해 보면, 지금까지 함께한 사람들의 10퍼센트나 될까 싶다. 현재 관계를 유지하는 사람들은 직장 동료, 동창회, 친목 모임으로 함축된다. 인원수로 헤아려보면 100여 명 안팎이다. 하지만 이 숫자에서 함께 터놓고 얘기할 상대는 열 손가락으로 꼽을 정도다. 앞에서도 얘기했지만 '찐팬'은 몇 명이 안 된다는 얘기다. 이 중에서 평생 함께할 멤버는 누구일까?

오래된 이들에서 고르자

누구나 마찬가지겠지만 한 번을 만나든 두 번을 만나든 편안해지는 사람이 있고, 매일 만나도 불편한 사람이 있다. 예전에 조그마한 조직에서 리더로 근무할 때의 일이다. 출근 후에 상급자와 통화를 하고 나면 화가 머리끝까지 솟구쳐 오르곤 했다. 어쩌다 하루가 아니라 거의 매일 그랬다. 상대방의 의견이나 여건을 생각하지 않고 상급자라는 이유로 한마디 말로 자존심을 건드리고 근무 의욕마저 떨어뜨리는 사람. 지금도 그때를 생각하면 머리에 김이 난다. 동년배 동료도 그 시간만 되면 "오늘은 그 상급자가 또 어떤 일을 벌일까?" 하며 미리 스트레스받기 일쑤였다.

하지만 상급자라고 다 똑같지는 않았다. 앞의 상급자와는 정반대인 사람도 있었으니 말이다. 그 상급자는 자기 의견이나 주장은 뒤로한 채 아랫사람의 말을 경청해 주고, 임무를 부여할 때도 꼭 필요한 것만 선별해서 시켰다. 애로사항이나 부족함이 없는지 먼저 살폈고, 계급에서 오는 중압감을 느끼지 않도록 동네 아저씨처럼 편하게 대해주었다. 당연히 그 상급자의 아랫사람은 그를 존경하고 또 존중했다. 어처구니없는 지시사항을 내리거나 자신에게 유리한 쪽으로 일을 끌고 가는 법이 없다는 것을 익히 알았기 때문이다. 만일 나에게 이 두 사람 중 어떤 사람과 같이 근무하고 싶은지 물어본다면 두말할 것도 없이 후자라고 얘길할 것이다.

중년의 나이에 접어든 이제는 아무나 만날 수도 없고 새로운 사람을 만나는 것도 쉽지 않다. 새로운 사람을 편안한 관계로 만들려면 시간도 필요하다. 그렇다면 함께할 사람은 지금까지 관계를 맺어온 사람 중에서 골라야 한다. 고르는 기준은 간단하다. 상대를 존중해 주는 사람, 나와 마음이 맞는 사람 그리고 나와 함께 동반 성장할 수 있는 힘과 에너지가 있는 파트너가 될 것이다.

마음에 맞는 사람을 고르는 네 가지 조건

상대를 존중하거나 배려해 주는 사람의 기준은 거의 비슷할 것이다. 앞뒤가 다르지 않은 사람, 신의를 지키는 사람, 계급으로 상대를 멸시하지 않는 사람 등등. 그렇다면 나와 마음이 맞는 사람은 누구일까?

40~50대에 이르기까지 우리에겐 수많은 사람과 함께해온 시간이 쌓여 있다. 직장이나 동창회 등 사모임에서 만난 다양한 사람들. 하지만 그 많은 사람들과 모두 다 편안하게 만나고 대화를 나누며 지내오지는 않았을 것이다. 그냥 안면이 있고 인사를 나누는 정도의 사람이 있는가 하면, 교감이 통하고 만나면 은근히 기분이 좋아지는 사람, 내가 고민이 있을 때 함께 심도 있는 대화를 나눌 수 있는 사람도 있을 것이다. 반면 서로 공감하기는커녕 자기 혼자만의 세계에 빠져 있는 사람, 말이 통하지 않는 사람, 만나면 왠지 불편하거나 관계가 안 좋은 사람도 있을 것이다.

개개인이 다양한 기준을 삼고 인간관계를 유지하고 살겠지만 나는 앞으로 함께하고 싶은 사람의 첫 번째 조건으로 '편안한 사람'을 꼽고 싶다. 1분을 함께하든 1시간을 함께하든 거리낌이 없는 사람, 조건을 두지 않는 사람이 내겐 편안함을 느끼게 하는 사람이다.

두 번째는 소통하고 공감하는 사람이다. 만나면 '앞으로 함께 하자', '인생 친구가 되자'라고 말만 하고, 평소 행동은 그렇지 못한 사람이 있다. 그런 사람은 소통할 줄 모르고 말로만 때우는 사람이기 쉽다. 그리고 의외로 말이 앞서는 사람은 관계를 맺을 때 거리를 두는 경향이 많다.

세 번째 조건은 마음속 고민을 털어놓을 수 있는 사람이다. 아무리 친하다고 해도 내 마음속에 있는 고민을 털어놓을 수 있는 사람은 그리 많지 않다. 내 얘기를 해도 그냥 지나쳐버리는 사람이 있는 반면, 내 얘기를 하면 관심을 가져주고 내가 가지고 있는 문제를 같이 고민하고 해결해 주려고 노력하는 사람도 있다. 나는 그런 사람과 함께 가고 싶다.

마지막으로 신뢰를 아는 사람이다. 자신이 아쉬운 게 있거나 필요한 게 있을 때는 아는 척하다가 그렇지 않을 때는 언제 그랬냐는 듯 태도를 바꾸는 사람, 또 나와의 관계를 이용하려는 사람, 어떤 문제를 부탁할 때 어떤 내용인지도 모르고 일언지하에 거절하는 사람은 신뢰를 아는 사람이라고 보기 힘들다. 신뢰를 아는 사람이라면 "내가 이것을 팔고 있는데 하나만 사줄 수 있어?" 하고 얘기할 때 스스럼없이 "예스"라고 대답한다. 그 바탕에는 나를 신뢰하고 믿는 마음이 있기 때문이다. 나는 이 네 가지 조건을 가진 사람을 바로 나의 찐팬이자 평생 함께할 사람이라고 얘기하고 싶다.

함께한다는 것의 의미를 기억하자

함께한다는 것은 자신에게 정말 소중한 사람이라는 의미다. 그렇다고 누구는 소중하고 누구는 덜 소중하다며 사람을 가르라는 이야기는 아니다. 다만 인생의 여정에서 내가 지금까지 알아온 이들을 다 품고 갈 수는 없는 노릇이니, 함께하고 싶다는 의미를 좀 더 각별히 새겨보자는 뜻이다. 이는 시간의 효율성 측면에서 봐도 마땅히 따라야 할 일이다. 모든 이들과 시간을 보내며 삶의 즐거움과 인생의 도전을 도모하기는 현실적으로 쉽지 않을 것이다.

평생 함께한다는 것의 의미는 내가 그 사람의 일부분을 책임진다는 뜻과 같다. 어떤 형태로 관계를 맺든 그 사람의 시간을 공유하거나 또는 빼앗는 일이 되기 때문이다. 그러므로 인생의 두 번째 업을 찾아가기 위해 함께해야 할 파트너를 찾는 일은, 그만큼 상대의 시간을 소중하게 생각하는 마음이 바탕이 되어야 한다.

만남의 시간을 보냈는데 아무런 의미도 없고, 결과물도 없이 그렇고 그런 얘기만 나누다 헤어졌다면, 만남 후에도 찜찜하고 답답한 마음이 남을 것이다. 반면 만남의 시간을 생각하면 기분이 좋아지는 시간으로 떠올린다면 아마도 그 만남은 이후에도 계속 이어질 공산이 크다.

이러한 만남과 관계를 유지하기 위해서는 인생 연륜에서 묻어나는 노하우, 경청을 통해서 질문하고 그 사람의 입장에서 고민하고 공감하는 능력을 갖추어야 한다. 이 능력 위에 찐팬들과 함께하면 두 번째 업을 위한 잡 코어를 탄탄하게 가져가면서 관계도 훨씬 더 소중하게 이어지지 않을까?

지금 이 시간 나와 함께할 사람, 생각하면 웃음이 나오는 사람, 믿음이 가는 사람을 떠올려보기 바란다. 바로 그 사람이 나의 찐팬이자 두 번째 인생을 설계하는 데 반드시 동행해야 할 파트너이자 동반자가 되어줄 것이니까!

내가 올라탈 거인의 어깨를 찾아라

내가 어려울 때 떠오르는 사람은 누구인가

지난해 면접관으로 임무를 수행한 적이 있다. '면접을 볼 때 어떤 것들을 질문할까?'를 찾아봤는데 단골처럼 나오는 질문 중 하나가 "당신이 가장 존경하는 인물은 누구입니까?"였다. 이 질문에 대부분의 면접자들은 역사 속 위인이나 자신과 같이 근무했거나 현재 함께하는 상사라고 대답했다.

그런데 종종 몇 사람이 "어머님이요! 아버님이요!"라고 대답하기도 한다. 역사 속의 위인이나 직장 상사라고 답했다고 해서 잘못된 것은 아니다. 하지만 나는 부모님이라고 대답한 것이 정답이 아닐까 하고 공감한다. 이 자리까지 설 수 있도록 성장할 때까지 기대면서 어려울 때나 슬플 때 나를 물심양면으로 지켜

준 부모님. 언제나 내가 기댈 수 있는 보호막 역할을 해주는 분이다. 그러나 지금까지는 부모님이 거대한 집이 되어 비바람이나 갖은 풍파를 막아주셨지만 홀로서기를 하게 되면 그 역할은 다소 좁아질 수밖에 없다.

세상의 풍파와 맞서면서 흘러온 시간이 30대를 거쳐서 어느덧 40대, 50대에 이르면 점점 더 닥쳐오는 풍파가 거세진다. 사회 초년생일 때는 부모님이나 상사에 기대어 극복해나갈 수 있지만, 나이가 들면서는 그렇지 못하다. 내 말을 전해 듣는 상대도 힘들어질 것이라는 생각에 친구나 타인에게 마냥 속을 털어놓지도 못한다. 또 자존심이 허락하지 않아 함부로 터놓고 얘기할 수도 없다. 그러면 어떻게 해야 옳을까? 내가 30대든, 40대든 평생 함께할 찐팬과 유기적인 관계를 유지하는 것이다.

내가 기댈 수 있는 첫 번째 거인은 가족!

어느덧 중년의 나이로 접어들면서 남은 것은 여기저기 쑤셔오는 아픈 몸과 허무함이다. 앞만 보면서 가장이라는 굴레 안에서 어떻게든 아웅다웅하면서 힘들게 버텨왔다. 이렇게 버텨올 수 있었던 것은 가족 덕분이고, 앞으로 헤쳐나가면서 책임져야 할 대상도 가족이다. 그러나 막상 아내나 자식들은 아버지라는 존재는 뒷전인 듯하다. 오죽했으면 나이 든 남자에게 필요한 것 다섯 가지는 '마누라, 아내, 애들 엄마, 집사람, 와이프'라고 하고, 아내에게 필요한 다섯 가지는 '딸, 돈, 건강, 친구, 찜질방'이라 할까. 젊어서 죽도로 달려왔건만 그 어디에도 남편은 없다.

실정이 이런데도 가족에게 의지하는 게 맞을까? 당연지사다! 설령 내가 설 자리가 없더라도 내가 변하고 내가 다가서면 된다. 가장 가깝게 있으면서 누구보다도 먼 느낌이 들 때도 있지만, 가족은 나의 응원군이자 지원군이다.

지금까지는 아이들이 철부지였다. 하지만 이쯤 되면 중고등학생이 대학생으로 훌쩍 성장해 있다. 이제는 가장인 나를 바라보면서 응원해 주는 지원군으로 우뚝 서 있어, 든든하기까지 하다. 이제부터는 터놓고 얘기하고 공감하는 것이 중요하다. 아내나 아이들도 알아야 할 때고 알아도 되는 나이다. 그런 가족에게 기대면서 해야할 일들을 헤쳐나간다면 천군만마를 얻은 것보다 더 든든할 것이다.

벤치마킹할 대상은 바로 나 자신!

벤치마킹이라고 하면 유명한 사람, 성공한 사람, 내가 하고자 하는 분야의 선두주자인 회사나 사람을 떠올릴 것이다. 맞다. 하지만 아무리 벤치마킹을 잘한다고 해도 내가 준비가 안 되었거나 그릇이 못되면 무용지물이다. 내가 아무리 잘한다고 떠들어대도 상대방은 귀담아듣지 않는다는 얘기다. 관건은 내가 어떤 사람이냐는 것이다. 내가 꿈꾸는 노후는 어느 정도 일을 하면서 멤버들과 봉사와 나눔을 함께하는 것이다. 내가 주축이 되어 멤버들을 구성해서 주기적으로 주변 지역에 위치한 노인 및 보호시설을 찾아가 그들과 마음을 함께 나누고, 음악을 통해서 에너지를 얻고, 어느 정도 기부를 하는 것으로 노후의 목표를 정했다. 그렇게 하다가 보면 나름 의미있는 생을 마감하면서 잘 죽을 수 있다는 생각도 한몫했다.

내가 왕성한 활동을 목표로 하는 나이는 최소한 85세다. 과연 가능할까 고민하면서 뉴스를 검색하다가 우연히 이시형 박사에 관련된 기사를 접하게 되었다. 다양한 의학 정보 공유로 사람들의 건강회복을 위해서 헌신하신 분이다. 그러다 한 가지 기사 내용에 눈이 멈췄다. "만 88세, 책 110권 발간. 올해도 신간을 낸 현역 중의 현역. '책 읽는 대한민국' 캠페인 명사 선정. 상상력과 창의력은 책에서 나온다"라는 기사였다.

이 기사를 읽고 일할 나이를 더 늦춰야 한다는 생각도 들었지만 우선 목표를 85세로 결정했다. 멤버들은 편안하게 온전한 마음으로 동참하고, 방문 장소에 부담을 주지 않는 것을 철칙으로 정할 것이다. 그냥 순수한 봉사와 기부. 문제는 이 나이까지 건강은 물론 최소한 봉사를 할 수 있도록 버팀목이 있어야 하는데, 바로 일정한 수입이 그것이다. 그래서 네트워크 마케팅에도 관심이 있었으나 아니올시다!로 결정을 내리고 나만의 브랜드를 만드는 데 힘을 쏟고 있다.

22세에 군복을 입기 시작해 벌써 서른 해를 넘기고 있다. 그렇다 보니 사회 경험은 어찌 보면 제로에 가깝고, 실제로 사회 초년생이라 할 수 있다. 혼자 헤쳐나가기는 현실적으로 어렵다. 그래서 배우면서 벤치마킹을 하고 있다.

1년이 넘는 시간 동안 동참한 독서 모임에서 얻은 것은 나만의 브랜드가 잡혀야 한다는 것이었다. 내가 바로잡혀야 모든 것을 시작할 수 있다. 사회 초년생으로 나가기 위해서 아직 시간이 있지만 나만의 브랜드를 만들고, 지속적으로 노출시켜 신뢰를 쌓아놓은 다음에 나와 함께할 파트너를 찾을 때 시너지 효과로 이어질 것이라 확신을 해본다.

어느 날 갑자기 이직이나 퇴직을 고려하지 않을 것이다. 많은 고민에 고민을 거쳐서 결정을 하고 준비하겠지만 내가 가지고 있는 장점, 나만의 끼를 발산하고 표출할 수 있는 어떤 것을 벤치마킹해서 준비한다면 더욱 탄탄할 것이라고 확신한다.

또 다른 벤치마킹! 책과 함께하는 것!

어떤 정보를 얻기 위해서는 다양한 방법을 통할 수 있다. 아는 지인, 방송, 신문, 인터넷 등을 통해, 마음만 먹고 단어 몇 글자만 써

넣어도 관련된 수만 가지 정보를 확인할 수 있다. 문제는 어떤 것을 선택할 것인가이다. 선별해서 활용하는 능력을 키워야 한다. 제일 빠른 방법으로 능력을 키우기 위해서는 현장에 답이 있다. 그런데 준비가 되지 않은 상태에서 현장에 가면 효과는 미미하다. 그 현장으로 가기에 앞서 내가 갖추어야 할 나만의 스토리와 데이터는 물론 문제해결 능력을 키워야 한다.

문제해결 능력을 키우기 위해서는 내가 단단해져야 한다. 그러기 위해서는 경영서적이나 리더십, 마케팅 관련 책들을 통해서 그 기준을 명확하게 잡아야 한다. 또 나를 이기기 위해서는 관련된 책에서 답을 찾아야 한다. 책 속에서 가치를 추구할 수 있는 내용과 방법을 나만의 것으로 만들어내야 한다.

중년으로 접어들면서 많은 이들이 고민과 시련에 부딪히게 된다. 심리적으로 불안해진다. 마음도 급해진다. 이런 상황에 유연하게 대처하기 위해서는 유연성을 길러야 한다. 그 유연성을 기를 수 있는 대답을 바로 책에서 찾을 수 있다. 책은 적은 비용으로 쉽게 접근하기가 제일 쉽지만 실행으로 옮기기는 쉽지 않다. 바로 0에서 1로 가기 위해서는 실행과 꾸준함이 답이라고 생각한다. 단단한 나를 만들기 위해서!

경험과 시간을 팔아 돈으로 바꿔라

나만의 경험은 무엇인가

‘지금껏 살아오면서 가장 크게 와닿은 경험은 무엇입니까?’라는 질문을 받는다면 두 가지를 얘기할 수 있다. 하나는 티칭 경험, 다른 하나는 비행 경험. 굳이 한 가지를 더한다면 건축 현장에서 짧게 경험한 일 정도일 것이다.

혹자는 내 말에 “에이, 그거 누구나 다 할 수 있는 경험 아냐?” 라고 반문할 수도 있고 한두 번 정도는 해본 사람도 있겠지만 강산이 세 번 바뀔 때까지 지속한 사람은 몇 안 될 것이다. 또 그동안 현장에서 보고 느끼면서 경험과 교훈들을 얘기해 보라면 몇 날 며칠을 얘기할 수도 있다. 그러나 어디까지나 내가 겪은 경험이 누구에게나 필요한 것은 아니라고 생각해오며 살아왔다. 내가 보고 듣고 하면서 보냈던 그 소중한 경험의 가치를 알지 못하고 지내왔다. 그냥 남들도 다 하는 일이고 그냥 일상이라고 생각을 해온 것도 사실이다.

하지만 지금까지 버텨오는 데는 원동력이 있었다. 물론 소중한 가족이 있었기에 가능했지만 내가 하고자 하는 욕망이 있었기 때문이라고 생각한다. 진급이든 두 번째 업을 찾는 일이든, 나 자신의 갈망이 없었다면 아마도 지금까지 이어져오지 못했을 것이다. 책임감도 한몫을 했다. 그렇다 보니 그냥 경험이라기보다는 일로만 기억에 남게 된다.

그런데 이런 경험을 글로 남기고, 영상으로 남기고, 콘텐츠로 남기는 사람이 있다. '귀찮게 뭐하러 남겨? 어디에 써먹는다고?' 라고 생각하기도 하지만, 그 하찮다고 생각했을 법한 데이터들이 경험의 가치를 올려준다. 아마도 지금까지 누구나 겪은 특색 있는 경험을 데이터로 누적해왔다면 자신을 증명하는 소중한 자료가 될 것이다. '나도 학생들을 가르치는 동안 비행하면서 위험했던 상황이나 실수, 애환 등을 남겨놓았다면?' 하는 후회가 남기도 한다.

그렇지만 지금도 늦지 않았다. 경험은 누구에게나 소중하고 값지다. 요즘은 많은 이들이 SNS 공간에 자유롭게 남기고 표현한다. 평균 수명 100세, 120세를 운운하고 있으니 중년이라고 해도 늦지 않았다. 내가 겪어왔고 겪고 있는 경험을 소중하게 여기고 데이터로 남겨가길 바란다. 언젠가는 그 경험과 데이터를 인정받게 될 것이다. 두 번째, 세 번째 업을 찾는 길목에서 말이다.

그냥 찾아보자

책을 쓰기로 마음먹으면서 내가 책을 쓸 수 있을까 하고 자문했다. 과연 '수백 페이지 되는 책을 내가?' 하면서 의구심도 가졌다. 또 생각에 잠긴다. 내가 팔 수 있는 게 무엇이 있지? 사실 무엇이라도 맘대로 팔아볼 형편도 못 된다. 본업 외에는 이익 활동을 하지 못하도록 하는 규정이 있기 때문이다. 또 아무리 좋은 상품이라도 무턱대고 시장에 내놓는다고 팔리는 것은 아니다. 하지만 지금은 준비하고 있다.

그래서 우선 나 자신을 만드는 중이다. 내가 가지고 있는 상품성은 무엇이고 어떻게 상품화할 것인지, 준비하는 게 우선이라고 생각하기 때문이다. 요즘은 경험을 축적하기 위해서 젊은 나이에도 이직한다고 한다. 하지만 중년인 우리는 그렇게 하지도 못한다. 막상 이직의 문턱에 서면 온갖 고려할 것들이 눈앞에 아른거리기 때문이다.

언젠가 이직하더라도 일을 쉴 수는 없다. 당장 눈앞에 닥친 문제를 해결하기 위해서 이직을 결정할 수도 있다. 하지만 꼭 고려해야 할 것이 있다. 지금 당장 이직의 문턱에 있는 상황이 아니라면 나만의 로드맵이 꼭 필요하다. 만일 당장 문제를 해결해야 하는 상황이라면 그 문제부터 해결해야 하겠지만, 그래도 멀리 보고 평생 업으로 할 수 있는 일을 찾아야 한다. 내가 좋아하는 취미, 정말로 하고싶은 일이나 해보고 싶었던 일도 괜찮다. 아무것도 없어도 괜찮다. 그것을 찾으려고 애써봐라. 누구나 나만이 가지고 있는 특징, 장점, 누군가에게 줄 수 있는 노하우나 찐기술이 있을 것이다. 그것을 찾아내서 나만의 강점으로 만들어간다면 어느 순간 그것이 나의 평생 업으로 자리매김할 수 있다. 무엇보다 중요한 것은 될 때까지 반복하고 습관으로 만들어야 한다는 것이다. 그래야만 바로 그것이 업으로, 돈으로 연결되기 시작한다.

나만의 유일한 길을 준비하라

중년이 되기까지 참 열심히도 달려왔다. 나라는 정체성보다는 가족을 위해서, 자녀를 위해서 희생이라는 단어 앞에 무던히도 애쓰면서 달려왔다. 그렇다 보니 노후를 생각해 보면 답이 없다. 다른 뾰족한 수가 있는 것도 아니다. 남들은 재투자해서 얼마를 벌었네, 어디다 투자를 했는데 몇 배를 벌었네, 하는 소리를 들으면 부러움만 커졌다. 그러나 이제는 부러워하면 안 된다. 내가 그곳으로 가야 한다. 그렇다고 가족을 나 몰라라 하라는 얘기가 아니다. 내가 좋아하는 일을 할 수 있도록 준비하라는 얘기다.

그러기 위해서는 내가 바로 서야 한다. 나만의 특화된 브랜드를 만들어야 한다. 그리고 내가 상품이 되도록 계속해서 나를 홍보해야 한다. 내가 단단한 상품으로 인정될 때 무엇을 상품화해서 돈으로 연결시킬 것인지, 어떻게 홍보를 할 것인지 고심하자. 그래야 나의 정체성도 찾아가면서 재미나게 일을 하고 또 안정적인 노후도 보장할 수 있다.

인플레이션으로 인해 물가가 고공으로 행진하고 수입은 줄고 있는 요즘, 한쪽은 문을 닫고 한쪽은 문을 여는 지금보다 더 불안정한 시기가 다가오고, 일자리도 점점 줄어든다고 한다. 여기서 생존할 수 있는 방법은 단 하나! 나만의 생존 기술을 터득하는 것이다. 내가 원하는 나이까지 홍을 내면서 일을 하기 위해서. 바로 이렇게 터득한 생존 기술이 두 번째 업으로, 평생 직업이 되도록 말이다.

북큐레이션 • 원하는 곳에서 자신의 가치를 높이고, 가슴 뛰는 삶을 살고 싶은 이들을 위한 책

《50부터 더 잘되는 사람》과 함께 읽으면 좋은 책. 진정한 나다움을 발견하고 인생을 멋지게 브랜딩 하길 원하는 당신을 응원합니다.

진로, 취업, 이직 꿀팁 Q&A 수록

멀티잡 프로젝트

이진아 지음 | 18,000원

"커리어, 언제까지 한 곳에서만 쌓을 거야?"
멀티잡으로 내가 원하는 미래를 설계하는 방법!

디지털 세계에서는 기회의 장이 언제나 열려 있다. 회사에서 일하는 동안에도 온라인과 SNS 상에서 계속해서 매출이 발생할 수도 있고, 새로운 직업을 위해 도전하는 것이 가능하다. 또한 본업 외에도 나의 새로운 전문성과 콘텐츠를 발굴해 멀티잡 계획을 설계하는 것은 비단 돈을 많이 벌기 위함이 아니다. 나의 새로운 잠재력과 능력을 키워 자유롭게 미래를 그려나가는 또 다른 길이며, 성취감과 보람 그리고 나의 가치를 높이는 프로젝트다. 이 책은 당신도 몰랐던 당신의 새로운 능력과 가치 그리고 수익 구조를 찾아줄 것이다.

행동력 하나로 성공하는 방법

운명을 바꾸는 행동의 힘

유선국 지음 | 14,000원

여전히 생각 속에서만 살고 있으신가요?
지금 당신의 마음속에 잠재된 거인을 깨워드립니다!

'돈 많이 벌고 싶다', '잘살고 싶다', '즐기면서 살고 싶다', 'SNS 사진 속 사람들처럼 여유로워지고 싶다'. 일상을 살아가면서 한 번쯤 해봤을 생각들이다. 하지만 이런 생각이 들 때면 뭔가 설렘보다는 두려움이 먼저 앞선다. 왜일까? 요즘처럼 살아남기 힘든 세상이 없다고 느끼는 우리에게 가장 필요한 건 이 무모해 보일지도 모를 행동의 힘이다. 나를 가장 단단하게 만들어줄 행동의 힘, 그 힘이야말로 꿈은 물론 현실에 맞설 힘과 원하는 만큼의 돈을 가져다줄 것이다. 지금 당장 당신의 바뀔 운명을 위해 행동하라!